NAJLEPSZY PRZEWODNIK PO FRANCUSKICH ÉCLAIRS

Twój kompletny przewodnik po wytwarzaniu francuskich eklerów w domu

Arkadiusz Baranowski

Prawa autorskie ©2024

Wszelkie prawa zastrzeżone

Żadna część tej książki nie może być wykorzystywana ani rozpowszechniana w jakiejkolwiek formie i w jakikolwiek sposób bez odpowiedniej pisemnej zgody wydawcy i właściciela praw autorskich, z wyjątkiem krótkich cytatów użytych w recenzji. Niniejsza książka nie powinna być traktowana jako substytut porady lekarskiej, prawnej lub innej porady zawodowej.

SPIS TREŚCI

SPIS TREŚCI 3
WSTĘP 7
EKLERY LUSTRZANE 8
    1. Eklery z ajerkoniaku w lustrzanej glazurze 9
    2. Eklery z białej czekolady w lustrzanej glazurze Galaxy 13
    3. Kolorowe eklery z polewą lustrzaną i kruszonką piaskową 16
    4. Eklery z białej czekolady glazurowane lustrzanie 19
    5. Eklery z różową glazurą lustrzaną 22
    6. Eklery w lustrzanej glazurze czekoladowo-orzechowej 25
    7. Eklery malinowo-cytrynowe w lustrzanej glazurze 28
    8. Eklery Kawowo-Karmelowe Lustrzane Glazury 31
    9. Eklery z białą czekoladą Matcha w lustrzanej glazurze 34
CZEKOLADOWE EKLARY 37
    10. Eklery czekoladowo-karmelowe 38
    11. Eklery czekoladowe z nadzieniem kremowym 40
    12. Czekoladowe eklery Grand Marnier 43
    13. Mrożone eklery czekoladowo-miętowe 47
    14. Mini Czekoladowe Eklery 51
    15. Eklery z budyniem waniliowym Jello 53
    16. Ciasteczka i eklery z kremem 56
    17. Eklery czekoladowo-orzechowe 59
    18. Miętowe eklery czekoladowe 62
    19. Eklery z białą czekoladą i maliną 65
    20. Eklery z ciemnej czekolady i pomarańczy 68
    21. Pikantne meksykańskie eklery czekoladowe 71
    22. Eklery czekoladowo-pralinowe z orzechów laskowych 74
    23. Eklery czekoladowe Crème Brûlée 77
    24. Bezglutenowe Eklery Czekoladowe 80
    25. Eklery z czekoladą i solonym karmelem 83
    26. Eklery czekoladowe nadziewane praliną 86
    27. Czekoladowe eklery pistacjowe 89
    28. Eklery z musem czekoladowym 92

EKLARY OWOCOWE ...95

29. Eklery z musem malinowo-brzoskwiniowym ...96
30. Eklery pomarańczowe ...100
31. Eklery z marakuji ...104
32. Pełnoziarniste eklery owocowe ...107
33. Eklery z marakuji i malin ...110
34. Eklery z truskawkami i kremem ...114
35. Eklery z mieszanymi jagodami ...117
36. Eklery malinowo-cytrynowe bezowe ...121
37. Eklery z malinami i mleczną czekoladą ...124
38. Eklery Red Velvet Czekoladowo Malinowe ...127
39. Eklery z kremem bananowym ...130
40. Eklery z kremem truskawkowym ...133
41. Eklery z mango i marakuji ...136
42. Eklery Cytrynowo-Jagodowe ...139
43. Eklery malinowo-migdałowe ...142
44. Eklery ananasowo-kokosowe ...145
45. Mieszane eklery z jagodami i skórką cytrynową ...148
46. Brzoskwiniowo-imbirowe eklery ...151
47. Jeżynowo-cytrynowe eklery ...154
48. Eklery kokosowe z kiwi ...157

ORZECHOWE ECLAIRY ...160

49. Czekoladowe Makaroniki Migdałowe Eklery ...161
50. Pistacjowo-cytrynowe eklery ...165
51. Klonowe eklery z orzechami ...170
52. Eclair malinowo-pistacyjny ...173
53. Eklery czekoladowo-orzechowe ...176
54. Eklery czekoladowe z masłem orzechowym ...179
55. Praliny migdałowe eklery ...182
56. Eklery z klonu orzechowego ...185
57. Eklery z różą pistacjową ...188
58. Eklery z karmelem pekanowym ...191
59. Eklery z białą czekoladą Macadamia ...194

EKLARY PRZYPRAWIONE ...197

60. Eklery z dyni klonowej ...198

61. Eklery cynamonowe 201
62. Eklery kardamonowe 204
63. Piernikowe eklery 207
64. Eklery z naparem z gałki muszkatołowej 210
65. Chai Latte Éclairs 213
66. Eklery z przyprawioną skórką pomarańczową 216

CUKIEROWE ECLAIRY 219

67. Ekler z masłem orzechowym 220
68. Eklery Solone Karmelowe 224
69. S'mores Éclairs 228
70. Eklery miętowe 230
71. Toffi Crunch Eclairs 233
72. Eklery z waty cukrowej 236
73. Eklery Rocky Road 239
74. Eklery z gumą balonową 242
75. Kwaśne eklery cytrusowe 245
76. Eklery dla miłośników lukrecji 248

EKLERY O SMAKU KAWY 251

77. Eklery Cappuccino 252
78. Eklery tiramisu 254
79. Eklery z mokką 257
80. Eklery z chrupiącymi ziarnami espresso 260
81. Irlandzkie eklery kawowe 263
82. Waniliowe latte Éclairs 266
83. Karmelowe eklery Macchiato 269
84. Eklery kawowe z orzechami laskowymi 272

SERSOWE ECLAIRY 275

85. Sernik jagodowy Éclair 276
86. Glazurowane eklery Gouda 279
87. Eklery z sernikiem malinowym 282
88. Eklery Sernik Marmurowy Czekoladowy 285
89. Eclair Sernik Solony Karmel 288
90. Eklery z sernikiem pistacjowo-pralinowym 291
91. Eklery z sernikiem kokosowym 294

92. EKLERY Z SERNIKIEM TRUSKAWKOWYM 297
93. EKLERY Z SERNIKIEM CYTRYNOWYM 300

PRZEPISY INSPIROWANE ECLAIREM **303**

94. ROGALIKI BANANOWO-EKLERKOWE 304
95. CIASTO FRANCUSKIE Z KREMEM I EKLERAMI 306
96. CZEKOLADOWY ROGALIK MIGDAŁOWY 309
97. CZEKOLADOWE BATONIKI EKLEROWE 312
98. CIASTO CZEKOLADOWE EKLEROWE 314
99. CIASTO ÉCLAIR Z RÓŻĄ PISTACJOWĄ 316
100. KLONOWY BEKONOWY ÉCLAIR BITES 319

WNIOSEK **322**

WSTĘP

Bienvenue do „Najlepszego przewodnika po francuskich eklerach", wszechstronnej podróży do sztuki wytwarzania wykwintnych francuskich eklerów w zaciszu własnej kuchni. Ten przewodnik jest celebracją delikatnej, ciastowej perfekcji, jaką jest ekler – kwintesencja francuskiego przysmaku, który urzeka swoją elegancją i rozkoszą. Dołącz do nas w kulinarnej przygodzie, która odkryje sekrety tworzenia tych kultowych wypieków i wprowadzi wyrafinowaną francuską cukiernię do Twojego domu.

Wyobraź sobie kuchnię wypełnioną kuszącym aromatem świeżo upieczonych eklerów, szeptem chrupiącego ciasta i oczekiwaniem na soczyste nadzienia. „Najlepszy przewodnik po francuskich eklerach" to nie tylko zbiór przepisów; to podróż do świata mistrzostwa ciasta parzonego, dekadenckich nadzień i delikatnej sztuki glazurowania. Niezależnie od tego, czy jesteś doświadczonym piekarzem, czy zapalonym kucharzem domowym, te przepisy i techniki zostały opracowane tak, aby poprowadzić Cię krok po kroku przez proces tworzenia autentycznych francuskich eklerów.

Od klasycznych eklerów czekoladowych po pomysłowe wariacje z nadzieniem owocowym, od jedwabistych kremowych nadzień po błyszczące glazury – każdy przepis jest celebracją wszechstronności i wyrafinowania, jakie oferują eklery. Niezależnie od tego, czy organizujesz specjalną okazję, czy po prostu tęsknisz za odrobiną paryskiej elegancji, ten przewodnik jest Twoją przepustką do uzyskania eklerów o jakości piekarniczej we własnej kuchni.

Dołącz do nas, gdy będziemy odkrywać zawiłości wytwarzania eklerów, gdzie każde dzieło jest świadectwem precyzji, smaku i finezji, które definiują te kultowe wypieki. Załóż więc fartuch, opanuj sztukę parowania i wyrusz w kulinarną podróż po „Najlepszym przewodniku po francuskich Éclairach".

EKLARY Z LUSTERKIEM

1. Eklery z ajerkoniakiem w lustrzanej glazurze

SKŁADNIKI:

Mus z jajek:
- 100 g mleka
- ½ laski wanilii
- 3 żółtka
- 40 g cukru
- 3 ½ arkuszy (6 g) żelatyny
- 150 g jajecznicy
- 200g bitej śmietany
- Chrupiące perełki z ciemnej czekolady (np. Valrhona[1])

KRÓTKA:
- 125 g masła
- 85 g cukru pudru
- 35 g migdałów
- 42 g ubitego jajka (1 małe jajko)
- 210g mąki typ 550
- 1 szczypta soli

NADZIENIE:
- 65 g śmietanki
- 40 g kuwertury 70%[1], siekanej lub kalafii
- 26 g kuwertury 55%[1], siekanej lub kalafii
- 120 g zimnej śmietanki

GLAZA BŁYSZCZĄCA:
- 190 g śmietany
- 200 g cukru
- 70 g wody
- 80g syropu glukozowego
- 80 g ciemnego kakao do pieczenia
- 6 arkuszy (16g) żelatyny

MONTAŻ:
- Ciemne i brązowe, ostre perły

INSTRUKCJE:
Mus z jajek:
a) Namoczyć żelatynę w lodowatej wodzie.
b) W małym rondlu zagotuj mleko z rozciętą laską wanilii.
c) W osobnej misce utrzyj żółtka z cukrem, następnie cały czas mieszając dodawaj gorące mleko waniliowe.
d) Wlać mieszaninę z powrotem do garnka i podgrzać do 82-85 stopni Celsjusza, cały czas mieszając.
e) Zdjąć z ognia i rozpuścić namoczoną żelatynę w śmietanie, następnie wymieszać z ajerkoniakiem.
f) Odcedź mieszaninę i dodaj bitą śmietanę.
g) Napełnij jednorazowy rękaw do wyciskania musem z ajerkoniaku i odetnij małą końcówkę.
h) Wypełnij musem do połowy dziesięć wgłębień formy Fashion Eclairs, dodaj czekoladowe chrupiące perełki i przykryj kolejną warstwą musu.
i) Wygładzić i zamrozić, przykryć folią.

KRÓTKA:
j) Cukier puder i masło miksujemy na kremową masę.
k) Dodać zmielone migdały, sól i mąkę, następnie zagnieść z ubitym jajkiem na gładkie ciasto.
l) Z ciasta uformuj cegłę, zawiń w folię spożywczą i włóż do lodówki na 1 godzinę.
m) Rozgrzej piekarnik do 180°C.
n) Rozwałkuj ciasto na oprószonym mąką blacie na grubość 3 mm i wytnij dziesięć wąskich i dziesięć szerokich pasków za pomocą dołączonej foremki do foremki Fashion Eclairs.
o) Paski układamy na blaszce wyłożonej papierem do pieczenia i pieczemy na złoty kolor (około 12 minut).
p) Przechowuj chrupiące paski ciasta kruchego w metalowej formie do ciastek do następnego dnia.

NADZIENIE:
q) Zagotować 65 g śmietanki i zalać ją drobno posiekaną polewą czekoladową (lub kaletami).
r) Odstawić na minutę, następnie zemulgować blenderem ręcznym.
s) Dodać zimną śmietankę i dobrze wymieszać.

t) Przykryj powierzchnię ganache folią i wstaw do lodówki na noc.

GLAZA BŁYSZCZĄCA:
u) Namoczyć żelatynę.
v) W rondlu podgrzej cukier, wodę i syrop glukozowy do 103 stopni Celsjusza.
w) Dodajemy śmietanę i przesiane kakao.
x) Namoczoną żelatynę rozpuścić w glazurze i zmiksować blenderem ręcznym.
y) Glazurę przelać przez sito, przykryć folią i wstawić do lodówki na noc.

MONTAŻ:
z) Podgrzej polewę czekoladową, aż się rozpłynie.
aa) Wyjmij eklery z formy silikonowej i umieść je na stojaku nad naczyniem.
bb) Polej czekoladową glazurą lustrzaną eklery, upewniając się, że są całkowicie pokryte.
cc) Za pomocą wykałaczek ostrożnie nałóż je na szerokie paski ciasta kruchego.
dd) Ubij ganache i wyciśnij małe kropki na eklery.
ee) Udekorować chrupiącymi perełkami.
ff) Podawać natychmiast po rozmrożeniu.

2. Eklery z białej czekolady Galaxy Mirror Glazurowane

SKŁADNIKI:
DLA MUSZLI ECLAIR:
- 150 ml wody
- 75 g niesolonego masła
- ¼ łyżeczki soli
- 150 g mąki uniwersalnej
- 4 duże jajka

DLA SZKLIWY LUSTRZANEJ GALAXY :
- 8 arkuszy (16g) żelatyny
- 200 g białej czekolady, posiekanej
- 200 ml słodzonego skondensowanego mleka
- 300 g cukru kryształu
- 150 ml wody
- 150 ml gęstej śmietanki
- Barwnik spożywczy w żelu (niebieski, fioletowy, różowy i czarny)

INSTRUKCJE:
DLA MUSZLI ECLAIR:
a) Rozgrzej piekarnik do 200°C (390°F) i wyłóż blachę do pieczenia papierem pergaminowym.
b) W rondlu wymieszaj wodę, masło i sól. Podgrzewaj na średnim ogniu, aż masło się roztopi i mieszanina zagotuje.
c) Dodaj mąkę na raz i energicznie mieszaj drewnianą łyżką, aż mieszanina utworzy kulę i zacznie odchodzić od ścianek patelni. Powinno to zająć około 1-2 minut.
d) Ciasto przełożyć do miski miksującej i pozostawić do ostygnięcia na kilka minut.
e) Dodawaj jajka, jedno po drugim, dobrze mieszając po każdym dodaniu. Ciasto powinno być gładkie i błyszczące.
f) Ciasto przełożyć do rękawa cukierniczego z dużą okrągłą końcówką.
g) Wyciśnij paski o długości 4-5 cali na przygotowaną blachę do pieczenia, pozostawiając między nimi wystarczająco dużo miejsca na rozszerzenie.
h) Piec w nagrzanym piekarniku przez 25-30 minut lub do momentu, aż eklery urosną i nabiorą złotego koloru.

i) Wyjmij z piekarnika i pozostaw do całkowitego ostygnięcia na metalowej kratce.

DLA SZKLIWY LUSTRZANEJ GALAXY :

j) Namocz płatki żelatyny w zimnej wodzie, aż zmiękną.
k) W żaroodpornej misce umieść posiekaną białą czekoladę i słodzone skondensowane mleko. Odłożyć na bok.
l) W rondlu wymieszaj granulowany cukier, wodę i gęstą śmietanę. Podgrzewaj na średnim ogniu, mieszając, aż cukier całkowicie się rozpuści, a mieszanina zacznie wrzeć.
m) Zdejmij rondelek z ognia i dodaj zmiękczone arkusze żelatyny. Mieszaj, aż żelatyna całkowicie się rozpuści.
n) Gorącą śmietankową mieszaninę zalać białą czekoladą i skondensowanym mlekiem. Odczekaj minutę, aby czekolada się rozpuściła, a następnie mieszaj, aż masa będzie gładka i dobrze połączona.
o) Podziel glazurę na kilka misek i pomaluj każdą żelowymi barwnikami spożywczymi (niebieskim, fioletowym, różowym i czarnym), aby uzyskać efekt galaktyki. Za pomocą wykałaczki wymieszaj kolory w każdej misce.
p) Przed użyciem poczekaj, aż glazura ostygnie do temperatury około 30-35°C (86-95°F).

MONTAŻ:

q) Gdy eklery ostygną, małą okrągłą końcówką wykonaj trzy otwory w dnie każdego eklera.
r) Napełnij eklery wybranym nadzieniem. Możesz użyć bitej śmietany, kremu do ciasta lub kombinacji obu.
s) Zanurz wierzch każdego eklera w lustrzanej glazurze galaxy, pozwalając, aby nadmiar spłynął.
t) Połóż oszklone eklery na drucianej kratce, aby stwardniały, a lukier, spływając, stworzy piękny efekt galaktyki.
u) Pozwól, aby glazura całkowicie zastygła.
v) Podawaj i ciesz się wspaniałymi eklerami z białej czekolady Galaxy Mirror Glazed!

3. Kolorowe eklery z polewą lustrzaną i kruszonką piasku

SKŁADNIKI:

NA CIASTO CHUX:
- 8 uncji wody
- 4 uncje niesolonego masła
- ½ łyżeczki soli koszernej
- 1 łyżka granulowanego białego cukru
- 5 uncji przesianej mąki chlebowej
- 1 łyżeczka opcjonalnie ekstraktu waniliowego
- 4 duże jajka
- Barwnik spożywczy w żelu (różne kolory)

DO NADZIENIA ECLAIR (WYBIERZ 1):
- 1 ½ porcji kremu waniliowego
- 1 ½ porcji kremu czekoladowego do ciasta

DO SZKLIWY LUSTRZANEJ:
- 12 uncji kawałków białej czekolady
- 6 uncji ciężkiej śmietany
- Barwnik spożywczy w żelu (różne kolory)

NA KRUSZEK PIASKU:
- ½ szklanki okruszków krakersów graham
- 2 łyżki granulowanego cukru
- 2 łyżki niesolonego masła (roztopionego)

INSTRUKCJE:

CIASTO CHOUX:
a) W rondlu wymieszaj wodę, masło, sól i cukier. Podgrzewaj na średnim ogniu, aż masło się roztopi i mieszanina zagotuje.
b) Zdejmij rondelek z ognia, dodaj przesianą mąkę chlebową i szybko mieszaj, aż mieszanina utworzy gładką kulę ciasta.
c) Pozostaw ciasto do lekkiego ostygnięcia, następnie dodawaj po jednym jajku, dobrze mieszając po każdym dodaniu. Ciasto powinno być gładkie i błyszczące.
d) Ciasto parzone rozłóż w osobnych miseczkach dla każdego koloru, którego chcesz użyć. Do każdej miski dodaj kilka kropli barwnika spożywczego w żelu i mieszaj, aż uzyskasz pożądany kolor.
e) Rozgrzej piekarnik do 200°C (400°F). Blachę do pieczenia wyłóż papierem pergaminowym.

f) Wyciśnij kolorowe ciasto parzone do eklerów na przygotowanej blasze. Można użyć rękawa cukierniczego lub worka Ziploc z odciętym rogiem.
g) Piec przez 15 minut w temperaturze 200°C, następnie zmniejszyć temperaturę do 180°C i piec przez kolejne 20-25 minut lub do momentu, aż eklery staną się złotobrązowe i napęcznieją. Nie otwieraj piekarnika w trakcie pieczenia.

ECLAIR :
h) Przygotuj krem do ciasta waniliowego lub krem czekoladowy według własnych upodobań.

LUSTRZANA SZKLIWA:
i) Do żaroodpornej miski włóż kawałki białej czekolady.
j) W rondlu podgrzej gęstą śmietanę, aż zacznie wrzeć. Gorącą śmietaną zalej kawałki białej czekolady i odstaw na minutę. Mieszaj, aż czekolada całkowicie się rozpuści, a masa będzie gładka.
k) Podzielić glazurę do oddzielnych misek i do każdej dodać barwnik spożywczy w żelu, aby uzyskać pożądany kolor.

KRUSZKA PIASKU:
l) W małej misce wymieszaj okruchy krakersów graham i cukier granulowany.
m) Dodaj roztopione, niesolone masło do mieszanki i mieszaj, aż dobrze się połączy.

MONTAŻ:
n) Gdy eklery ostygną, przekrój je poziomo na pół.
o) Każdy ekler napełnij wybranym nadzieniem z ciasta.
p) Zanurz wierzch każdego eklera w kolorowej lustrzanej glazurze, pozwalając, aby nadmiar spłynął.
q) Posyp mieszaniną okruchów piasku oszklone wierzchy eklerów, aby dodać tekstury i dekoracji.
r) Pozostaw lustrzaną glazurę na kilka minut, a Twoje kolorowe eklery z lustrzaną glazurą i kruszonką piaskową będą gotowe do podania!
s) Ciesz się pysznymi i kolorowymi eklerami!

4. Eklery z białej czekolady glazurowane lustrzanie

SKŁADNIKI:
NA KREM DO CIASTA:
- 4 żółtka
- 380 gramów pełnego mleka (1 ¾ szklanki)
- 100 gramów cukru
- 2 łyżki skrobi kukurydzianej
- 2 łyżki mąki uniwersalnej
- 1 łyżeczka ekstraktu waniliowego (lub 1 laska wanilii)
- Odrobina koniaku lub rumu
- ½ szklanki gęstej śmietanki (do ubijania)

NA CIASTO CHOUX:
- 120 gramów pełnego mleka (½ szklanki)
- 120 gramów wody (½ szklanki)
- 120 gramów masła (8½ łyżek masła)
- 145 gramów chleba lub mąki wysokoglutenowej (1 szklanka)
- 6 gramów soli (0,2 uncji, 1 płaska łyżka soli koszernej)
- Około 6 całych dużych jaj

DO SZKLIWIENIA:
- 200 gramów białej czekolady
- Opcjonalny barwnik spożywczy

INSTRUKCJE:
PRZYGOTOWAĆ KREM DO CIASTA:

a) Żółtka utrzeć z cukrem na jasną i puszystą masę.
b) Wymieszaj skrobię kukurydzianą i mąkę.
c) Podgrzej mleko i wanilię w rondlu, aż zacznie się gotować.
d) Do żółtek dodać ⅓ mleka, aby je zahartować. Wymieszaj i dodaj kolejną ⅓ mleka. Następnie dodaj ostatnie ⅓.
e) Płynne mleko + żółtka wlać do rondelka i podgrzewać, aż śmietanka zgęstnieje.
f) Wyjąć z formy do miski i schłodzić krem do ciasta w łaźni lodowej lub w lodówce.
g) Podczas gdy krem do ciasta się chłodzi, ubij ciężką śmietanę na sztywną pianę. Gdy krem do ciasta ostygnie, dodaj połowę bitej śmietany, aż się połączy. Następnie złóż pozostałą połowę.

PRZYGOTUJ CHOUX:

h) Podgrzej mleko, wodę, sól i masło, aż zacznie parować.
i) Dodajemy całą mąkę na raz i mieszamy do połączenia wszystkich składników. Kontynuuj gotowanie przez około 1 minutę, aby usunąć nadmiar wilgoci.
j) Przełóż to ciasto do miski. Poczekaj kilka minut, aż ostygnie, zanim dodasz jajka.
k) Pracując pojedynczo, dodawaj każde jajko do ciasta i ubijaj, aż do całkowitego połączenia. Gdy ciasto będzie jedwabiste i pod własnym ciężarem opadnie z łyżki, wyjąć je z miski i przełożyć do rękawa cukierniczego.
l) Używając maty silikonowej lub papieru pergaminowego na patelni, wytnij pasma o długości 6 cali (15 cm). Staraj się, żeby były cienkie, bo urosną podczas pieczenia.
m) Piec w temperaturze 182°C przez około 30-35 minut, aż choux będą równomiernie brązowe i lekko chrupiące. Ustaw je na stojaku do studzenia, aby ostygły.

PRZYGOTUJ LAKIERĘ:

n) Rozpuść białą czekoladę za pomocą podwójnego bojlera lub kuchenki mikrofalowej w 30-sekundowych seriach. Temperowanie czekolady nie jest tutaj konieczne. Trzymaj w cieple, aż będzie gotowy do glazurowania.
o) Wypełnij Choux:
p) Za pomocą wykałaczki wykonaj dwa otwory na górze eklerów na przeciwległych końcach.
q) Włóż końcówkę i delikatnie ściskaj, aż krem do ciasta dotrze na drugą stronę. Wytrzyj krawędzie z nadmiaru.
r) Poglazuruj i wykończ **ECLAIRS:**
s) Każdy napełniony ekler zanurzamy w polewie tak, aby całkowicie zakryła górną połowę. Użyj palca, aby usunąć wszelkie niedoskonałości.
t) Aby uzyskać efekt pasków, szybko nalej roztopioną czekoladę.
u) Ciesz się dobrocią kremu w środku wkrótce po napełnieniu. Chociaż wytrzymają kilka dni w lodówce, staną się miękkie i rozmoczone.

5. Eklery z różową lustrzaną polewą

SKŁADNIKI:
NA CIASTO CHUX:
- 8 uncji wody
- 4 uncje niesolonego masła
- ½ łyżeczki soli koszernej
- 1 łyżka granulowanego białego cukru
- 5 uncji przesianej mąki chlebowej (lub mąki uniwersalnej)
- 1 łyżeczka ekstraktu waniliowego
- 8 uncji jaj (około 4 duże jajka)
- Barwnik spożywczy w żelu w kolorze różowym

DO NADZIENIA ECLAIR :
- Krem waniliowy do ciasta (można użyć gotowej mieszanki)

DLA RÓŻOWEJ SZKLIWY LUSTRZANEJ:
- 12 uncji kawałków białej czekolady
- 6 uncji ciężkiej śmietanki
- Barwnik spożywczy w żelu w kolorze różowym

DO DEKORACJI:
- Wiórki kokosowe
- Świeże maliny

INSTRUKCJE:
PRZYGOTOWAĆ CIASTO CHUX:
a) W rondlu wymieszaj wodę, niesolone masło, sól koszerną i granulowany biały cukier. Podgrzewaj na średnim ogniu, aż mieszanina się zagotuje, a masło całkowicie się rozpuści.
b) Zmniejsz ogień do małego i dodaj na raz przesianą mąkę chlebową (lub mąkę uniwersalną). Mieszaj energicznie drewnianą łyżką, aż ciasto uformuje kulę i zacznie odchodzić od ścianek patelni.
c) Zdjąć z ognia i pozostawić do ostygnięcia na kilka minut.
d) Stopniowo dodawaj jajka, jedno po drugim, dobrze mieszając po każdym dodaniu. Przed dodaniem następnego upewnij się, że każde jajko zostało całkowicie wchłonięte.
e) Wymieszaj ekstrakt waniliowy i kilka kropli różowego barwnika spożywczego w żelu, aby uzyskać pożądany różowy kolor.

WYDRUKOWAĆ I PIEC EKLARY:

f) Rozgrzej piekarnik do 190°C i wyłóż blachę do pieczenia papierem pergaminowym.
g) Przełóż ciasto parzone do rękawa cukierniczego z dużą okrągłą końcówką.
h) Wyciśnij kształty eklerów na pergamin, zostawiając odstępy między nimi.
i) Piec w nagrzanym piekarniku przez około 25-30 minut lub do momentu, aż eklery staną się złotobrązowe i napęcznieją.
j) Wyjmij z piekarnika i pozwól im całkowicie ostygnąć.

WYPEŁNIJ ECLAIRY:

k) Po ostygnięciu eklerów przekrój je poziomo.
l) Każdy ekler napełnij kremem waniliowym za pomocą rękawa cukierniczego lub łyżki.

PRZYGOTUJ RÓŻOWĄ LAKIERĘ LUSTRZANĄ:

m) W misce nadającej się do kuchenki mikrofalowej połącz kawałki białej czekolady i gęstą śmietanę. Podgrzewaj w kuchence mikrofalowej w 30-sekundowych odstępach, mieszając po każdej przerwie, aż mieszanina będzie gładka, a czekolada całkowicie się rozpuści.
n) Mieszaj różowy barwnik spożywczy w żelu, aż uzyskasz pożądany odcień różu.

GLAZURUJ ECLAIRY:

o) Zanurz wierzch każdego eklera w różowej lustrzanej glazurze, pozwalając, aby nadmiar glazury spłynął.
p) Połóż oszklone eklery na drucianej kratce, aby stwardniały.
q) Gdy lukier jest jeszcze lekko lepki, posyp eklery wiórkami kokosowymi.
r) Na każdym eklerze połóż świeżą malinę.
s) Przed podaniem poczekaj, aż glazura całkowicie stwardnieje. Ciesz się pysznymi eklerami z różową glazurą lustrzaną!

6. Eklery w lustrzanej glazurze z czekoladą i orzechami laskowymi

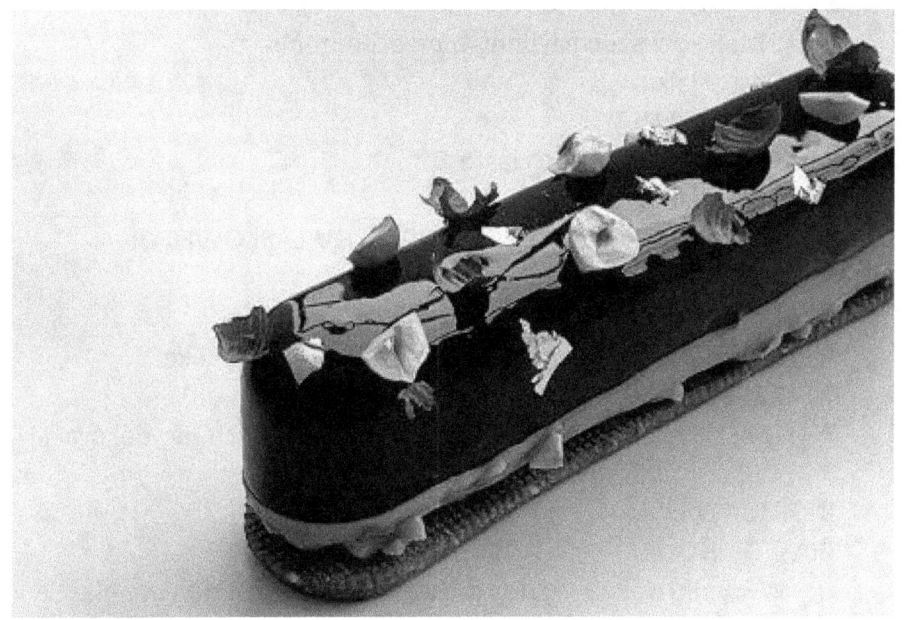

SKŁADNIKI:
NA CIASTO CHOUX:
- 1 szklanka wody
- 1/2 szklanki niesolonego masła
- 1 Mąkę o wszechstronnym przeznaczeniu
- 4 duże jajka

DO WYPEŁNIENIA:
- 2 szklanki kremu do ciasta
- 1/2 szklanki Nutelli

DO LUSTRA CZEKOLADOWEGO ORZECHU LASKOWEGO:
- 1/2 szklanki wody
- 1 szklanka granulowanego cukru
- 1/2 szklanki słodzonego skondensowanego mleka
- 1 1/2 szklanki posiekanej ciemnej czekolady
- 1/4 szklanki posiekanych orzechów laskowych (do dekoracji)

INSTRUKCJE:
CIASTO CHOUX:
a) W rondlu połącz wodę i masło. Doprowadzić do wrzenia.
b) Dodaj mąkę i energicznie mieszaj, aż mieszanina utworzy kulę. Zdjąć z ognia.
c) Pozwól ciastu lekko ostygnąć, następnie dodawaj po jednym jajku, dobrze mieszając po każdym dodaniu.
d) Ciasto przełożyć do rękawa cukierniczego i wycisnąć eklery na blachę do pieczenia.
e) Piec w piekarniku nagrzanym do 190°C przez 25-30 minut lub do złotego koloru.

POŻYWNY:
f) Gdy eklery ostygną, przekrój je poziomo na pół.
g) Wymieszaj Nutellę z kremem ciasta, aż składniki dobrze się połączą.
h) Napełnij każdy ekler nadzieniem czekoladowo-orzechowym za pomocą rękawa cukierniczego lub łyżki.

LAKIEROWA LASKOWA LAKIEROWA LASKOWA GLAZURA:
i) W rondelku wymieszaj wodę, cukier i słodzone mleko skondensowane. Doprowadzić do wrzenia.

j) Zdjąć z ognia i dodać gorzką czekoladę. Mieszaj, aż będzie gładkie.
k) Pozostawić glazurę do ostygnięcia do temperatury 32-35°C (90-95°F).

MONTAŻ:
l) Umieść ruszt nad blachą do pieczenia, aby zebrać nadmiar glazury.
m) Zanurz wierzch każdego eklera w czekoladowej polewie lustrzanej z orzechów laskowych, aby zapewnić równomierną powłokę.
n) Pozwól, aby nadmiar glazury spłynął, a następnie przenieś eklery na metalową kratkę.
o) Dla dekoracji posyp z wierzchu posiekanymi orzechami laskowymi.
p) Przed podaniem odstaw glazurę na około 15 minut.
q) Ciesz się pysznymi eklerami w lustrzanej glazurze z czekoladą i orzechami laskowymi!

7. Eklery malinowo-cytrynowe w lustrzanej glazurze

SKŁADNIKI:
NA CIASTO CHOUX:
- 1 szklanka wody
- 1/2 szklanki niesolonego masła
- 1 Mąkę o wszechstronnym przeznaczeniu
- 4 duże jajka

DO WYPEŁNIENIA:
- 2 szklanki kremu do ciasta
- 1 szklanka świeżych malin
- Skórka z 1 cytryny

DO LAZURY LUSTROWEJ MALINOWA CYTRYNA:
- 1/2 szklanki wody
- 1 szklanka granulowanego cukru
- 1/2 szklanki słodzonego skondensowanego mleka
- 1 1/2 szklanki białej czekolady, posiekanej
- Skórka z 1 cytryny
- 1/2 szklanki świeżych malin (do dekoracji)

INSTRUKCJE:
CIASTO CHOUX:
a) W rondlu połącz wodę i masło. Doprowadzić do wrzenia.
b) Dodaj mąkę i energicznie mieszaj, aż mieszanina utworzy kulę. Zdjąć z ognia.
c) Pozwól ciastu lekko ostygnąć, następnie dodawaj po jednym jajku, dobrze mieszając po każdym dodaniu.
d) Ciasto przełożyć do rękawa cukierniczego i wycisnąć eklery na blachę do pieczenia.
e) Piec w piekarniku nagrzanym do 190°C przez 25-30 minut lub do złotego koloru.

POŻYWNY:
f) Gdy eklery ostygną, przekrój je poziomo na pół.
g) Zmieszaj świeże maliny i skórkę z cytryny z kremem ciasta, aż dobrze się połączą.
h) Każdy ekler napełnij nadzieniem malinowo-cytrynowym za pomocą rękawa cukierniczego lub łyżki.

LAZURA LUSTROWA MALINOWA CYTRYNA:
i) W rondelku wymieszaj wodę, cukier i słodzone mleko skondensowane. Doprowadzić do wrzenia.
j) Zdjąć z ognia i dodać białą czekoladę. Mieszaj, aż będzie gładkie.
k) Do glazury dodaj skórkę z cytryny i dobrze wymieszaj.
l) Pozostawić glazurę do ostygnięcia do temperatury 32-35°C (90-95°F).

MONTAŻ:
m) Umieść ruszt nad blachą do pieczenia, aby zebrać nadmiar glazury.
n) Zanurz wierzch każdego eklera w lustrzanej glazurze malinowo-cytrynowej, aby zapewnić równomierną powłokę.
o) Pozwól, aby nadmiar glazury spłynął, a następnie przenieś eklery na metalową kratkę.
p) Na każdym eklerze połóż świeżą malinę do dekoracji.
q) Przed podaniem odstaw glazurę na około 15 minut.

8.Eklery kawowo-karmelowe z lustrzaną glazurą

SKŁADNIKI:
NA CIASTO CHOUX:
- 1 szklanka wody
- 1/2 szklanki niesolonego masła
- 1 Mąkę o wszechstronnym przeznaczeniu
- 4 duże jajka

DO WYPEŁNIENIA:
- 2 szklanki kremu do ciasta
- 2 łyżki kawy rozpuszczalnej
- 1/2 szklanki sosu karmelowego

DO LUSTRA KAWOWEGO KARMELOWEGO :
- 1/2 szklanki wody
- 1 szklanka granulowanego cukru
- 1/2 szklanki słodzonego skondensowanego mleka
- 1 1/2 szklanki posiekanej ciemnej czekolady
- 2 łyżki kawy rozpuszczalnej

INSTRUKCJE:
CIASTO CHOUX:
a) W rondlu połącz wodę i masło. Doprowadzić do wrzenia.
b) Dodaj mąkę i energicznie mieszaj, aż mieszanina utworzy kulę. Zdjąć z ognia.
c) Pozwól ciastu lekko ostygnąć, następnie dodawaj po jednym jajku, dobrze mieszając po każdym dodaniu.
d) Ciasto przełożyć do rękawa cukierniczego i wycisnąć eklery na blachę do pieczenia.
e) Piec w piekarniku nagrzanym do 190°C przez 25-30 minut lub do złotego koloru.

POŻYWNY:
f) Gdy eklery ostygną, przekrój je poziomo na pół.
g) Kawę rozpuszczalną rozpuścić w niewielkiej ilości gorącej wody. Wmieszać go do kremu ciasteczkowego.
h) Dodaj sos karmelowy do kremu cukierniczego o smaku kawowym, aż dobrze się połączy.
i) Napełnij każdy ekler kawowo-karmelowym nadzieniem za pomocą rękawa cukierniczego lub łyżki.

lustrzana kawowo-karmelowa :
j) W rondelku wymieszaj wodę, cukier i słodzone mleko skondensowane. Doprowadzić do wrzenia.
k) Zdjąć z ognia i dodać gorzką czekoladę oraz kawę rozpuszczalną. Mieszaj, aż będzie gładkie.
l) Pozostawić glazurę do ostygnięcia do temperatury 32-35°C (90-95°F).

MONTAŻ:
m) Umieść ruszt nad blachą do pieczenia, aby zebrać nadmiar glazury.
n) Zanurz wierzch każdego eklera w lustrzanej glazurze kawowo-karmelowej, aby zapewnić równomierną powłokę.
o) Pozwól, aby nadmiar glazury spłynął, a następnie przenieś eklery na metalową kratkę.
p) Przed podaniem odstaw glazurę na około 15 minut.
q) Ciesz się pysznymi eklerami z lustrzaną glazurą kawowo-karmelową!

9. Eklery z białą czekoladą Matcha w lustrzanej glazurze

SKŁADNIKI:
NA CIASTO CHOUX:
- 1 szklanka wody
- 1/2 szklanki niesolonego masła
- 1 Mąkę o wszechstronnym przeznaczeniu
- 4 duże jajka

DO WYPEŁNIENIA:
- 2 szklanki kremu do ciasta
- 2 łyżeczki proszku matcha

DLA LUSTRZANEJ GLAZURY MATCHA Z BIAŁEJ CZEKOLADY:
- 1/2 szklanki wody
- 1 szklanka granulowanego cukru
- 1/2 szklanki słodzonego skondensowanego mleka
- 1 1/2 szklanki białej czekolady, posiekanej
- 2 łyżeczki proszku matcha

INSTRUKCJE:
CIASTO CHOUX:
a) W rondlu połącz wodę i masło. Doprowadzić do wrzenia.
b) Dodaj mąkę i energicznie mieszaj, aż mieszanina utworzy kulę. Zdjąć z ognia.
c) Pozwól ciastu lekko ostygnąć, następnie dodawaj po jednym jajku, dobrze mieszając po każdym dodaniu.
d) Ciasto przełożyć do rękawa cukierniczego i wycisnąć eklery na blachę do pieczenia.
e) Piec w piekarniku nagrzanym do 190°C przez 25-30 minut lub do złotego koloru.

POŻYWNY:
f) Gdy eklery ostygną, przekrój je poziomo na pół.
g) Wymieszaj proszek matcha z kremem do ciasta, aż dobrze się połączy.
h) Napełnij każdy ekler nadzieniem o smaku matcha za pomocą rękawa cukierniczego lub łyżki.

MATCHA BIAŁA CZEKOLADOWA GLAZURA LUSTRZANA:
i) W rondelku wymieszaj wodę, cukier i słodzone mleko skondensowane. Doprowadzić do wrzenia.

j) Zdjąć z ognia i dodać białą czekoladę i proszek matcha. Mieszaj, aż będzie gładkie.
k) Pozostawić glazurę do ostygnięcia do temperatury 32-35°C (90-95°F).

MONTAŻ:
l) Umieść ruszt nad blachą do pieczenia, aby zebrać nadmiar glazury.
m) Zanurz wierzch każdego eklera w lustrzanej glazurze z białej czekolady matcha, aby zapewnić równomierną powłokę.
n) Pozwól, aby nadmiar glazury spłynął, a następnie przenieś eklery na metalową kratkę.
o) Przed podaniem odstaw glazurę na około 15 minut.

EKLERKI CZEKOLADOWE

10.Eklery Czekoladowe Karmelowe

SKŁADNIKI:

- 12 muszli eklera, bez nadzienia
- 2 szklanki kremu karmelowego do ciasta, schłodzonego
- 1 szklanka ganache czekoladowego o temperaturze pokojowej

INSTRUKCJE:

a) Za pomocą małego noża do obierania zrób mały otwór na każdym końcu każdego eklera.
b) Napełnij rękaw cukierniczy z małą, gładką końcówką schłodzonym kremem karmelowym.
c) Włóż końcówkę do jednego z otworów eklera i delikatnie ściśnij, aby go wypełnić. Powtórzyć proces dla drugiego otworu.
d) Kontynuuj napełnianie każdego eklera, aż wszystkie zostaną wypełnione pysznym kremem karmelowym.
e) Za pomocą małej szpatułki równomiernie posmaruj każdy ekler ganache czekoladowym o temperaturze pokojowej.
f) Przed podaniem tych pysznych eklerów z karmelowej czekolady poczekaj, aż ganache stwardnieje.

11. Eklery Czekoladowe Z Nadzieniem Custard

SKŁADNIKI:
ECLAIRY:
- 1 szklanka wody
- 1/2 szklanki masła
- 1/4 łyżeczki soli
- 1 szklanka mąki
- 4 duże jajka

NADZIENIE KREMOWE:
- 3 szklanki mleka
- 1/2 szklanki cukru
- 3 łyżki skrobi kukurydzianej
- 4 żółtka
- 2 łyżeczki ekstraktu waniliowego

POLEWĄ CZEKOLADOWĄ:
- 12 uncji półsłodkich kawałków czekolady
- 1/4 szklanki tłuszczu
- 1/4 szklanki jasnego syropu kukurydzianego
- 6 łyżek mleka

INSTRUKCJE:
NADZIENIE KREMOWE:
a) W średnim rondlu powoli podgrzewaj mleko, aż na krawędziach pojawią się bąbelki.
b) W małej misce wymieszaj cukier i skrobię kukurydzianą, dobrze wymieszaj. Całość wmieszaj na raz do gorącego mleka.
c) Gotuj, mieszając, na średnim ogniu, aż mieszanina się zagotuje. Zmniejsz ogień i gotuj przez 1 minutę.
d) Niewielką ilość mieszanki wbić do żółtek. Wlać z powrotem do rondla i gotować, mieszając, na średnim ogniu, aż mieszanina zagotuje się i zgęstnieje.
e) Wymieszać z wanilią. Połóż woskowany papier na powierzchni, aby zapobiec tworzeniu się kożucha. Przechowywać w lodówce do momentu użycia. Na 3 filiżanki wystarczy do napełnienia 12 eklerów.

POLEWĄ CZEKOLADOWĄ:
f) W górnym podwójnym bojlerze nad gorącą (nie wrzącą) wodą rozpuść czekoladę ze tłuszczem.

g) Dodaj syrop kukurydziany i mleko. Mieszaj, aż masa będzie gładka i dobrze wymieszana. Niech lekko ostygnie.
h) Polewą polej eklery. Na 2 filiżanki wystarczy do posmarowania 12 eklerów.

ECLAIRY:
i) Rozgrzej piekarnik do 400°F.
j) Zagotuj wodę, masło i sól. Zdjąć z ognia i wymieszać z mąką.
k) Ubijaj na małym ogniu, aż mieszanina odejdzie od boków patelni.
l) Zdejmij z ognia i ubijaj jajka, jedno po drugim, aż mieszanina będzie błyszcząca, satynowa i będzie się łamać.
m) Upuść ciasto w odstępach trzech cali na nienatłuszczonym arkuszu, tworząc 12 pasków, każdy o wymiarach 4 x 1 cal.
n) Piecz przez 35 do 40 minut, aż przy puknięciu będą wydawać głuchy dźwięk. Trzymać z dala od przeciągów.
o) Odetnij wierzchołki eklerów i wypełnij kremem.
p) Wierzch posmarować polewą czekoladową, schłodzić i podawać.
q) Ciesz się dekadenckimi czekoladowymi eklerami z soczystym nadzieniem kremowym!

12. Czekoladowe eklery Grand Marnier

SKŁADNIKI:
CIASTO ECLAIROWE:
- 3 duże jajka w temperaturze pokojowej
- 2/3 szklanki wody
- 5 łyżek niesolonego masła, pokrojonego w kostkę o wielkości 1/2 cala
- 1/8 łyżeczki soli
- 2/3 szklanki przesianej mąki uniwersalnej
- 1/2 łyżeczki skórki pomarańczowej

NADZIENIE CZEKOLADOWE GRAND MARNIER:
- 3 uncje półsłodkiej czekolady, grubo posiekanej
- 3 łyżki wody
- 2 łyżki Grand Marniera
- 2 łyżki zimnej wody
- 1 1/2 łyżeczki niesmakowanej żelatyny w proszku
- 1 szklanka gęstej śmietanki
- 1 łyżka soku pomarańczowego
- 1/2 szklanki cukru pudru

POMARAŃCZOWA LAZURA:
- 1 łyżka soku pomarańczowego
- 1/4 szklanki cukru pudru

INSTRUKCJE:
CIASTO ECLAIROWE:
a) Rozgrzej piekarnik do 425 stopni F. Wyłóż dwie blachy do pieczenia papierem pergaminowym.
b) W szklanej miarce wymieszaj jajka, aż się połączą. Zarezerwuj 2 łyżki ubitych jajek w małej filiżance.
c) W średnio ciężkim rondlu połącz wodę, masło i sól. Podgrzewaj na średnim ogniu, aż masło się roztopi.
d) Zwiększ ogień do średnio-wysokiego i doprowadź mieszaninę do wrzenia. Zdjąć z ognia.
e) Używając trzepaczki drucianej, wymieszaj mąkę i skórkę pomarańczową. Energicznie ubij, aż masa będzie gładka.
f) Ponownie postaw patelnię na ogniu, ciągle mieszając drewnianą łyżką. Gotuj przez 30 do 60 sekund, aż pasta utworzy bardzo gładką kulę.

g) Przełóż pastę do dużej miski. Na pastę wlać zarezerwowaną 1/2 szklanki ubitych jajek i energicznie ubijać drewnianą łyżką, aż mieszanina utworzy gładkie, miękkie ciasto.

PIECZENIE ECLAIRÓW:

h) Napełnij rękaw cukierniczy z gładką końcówką o średnicy 5/6 cala ciastem eclair. Wytnij 5-calowe paski o szerokości około 1/2 cala na przygotowanych blachach do pieczenia, pozostawiając około 1 1/2 cala między eklerami.

i) Zanurz palec w odrobinie pozostałego ubitego jajka i delikatnie wygładź wszelkie „ogony" pozostałe po rurach. Lekko posmaruj wierzch eklerów większą ilością jajka.

j) Piec eklery, po jednej blaszce na raz, przez 10 minut. Podeprzyj drzwiczki piekarnika uchylone na około 2 cale za pomocą rączki drewnianej łyżki.

k) Zmniejsz temperaturę piekarnika do 375 stopni F i zamknij drzwiczki piekarnika. Kontynuuj pieczenie eklerów przez 20 do 25 minut, aż będą chrupiące.

l) Eklery przełóż na metalową kratkę i całkowicie ostudź.

NADZIENIE CZEKOLADOWE GRAND MARNIER:

m) Rozpuść czekoladę z wodą i Grand Marnier zgodnie ze wskazówkami dotyczącymi topienia czekolady.

n) W małym rondelku zalej żelatynę zimną wodą i odstaw na 5 minut, aby zmiękła.

o) Postaw rondelek na małym ogniu, gotuj przez 2 do 3 minut, ciągle mieszając, aż żelatyna całkowicie się rozpuści i mieszanina będzie klarowna. Pozwól mu ostygnąć, aż będzie letni.

p) W schłodzonej misie miksera ubić ciężką śmietanę na niskich obrotach. Stopniowo, wolnym strumieniem dodawaj ostudzoną mieszaninę żelatyny, kontynuując ubijanie.

q) Zatrzymaj mikser, zeskrob ze ścianek miski i dodaj ostudzoną, roztopioną czekoladę. Kontynuuj ubijanie, aż śmietanka zacznie się pienić. Nie przebijaj.

r) Przykryj nadzienie folią spożywczą i schładzaj przez 30 minut.

POMARAŃCZOWA LAZURA:

s) W małej misce wymieszaj sok pomarańczowy i cukier puder, aż uzyskasz gładką masę.

MONTAŻ I POKRYCIE ECLAIRÓW:

t) W każdym końcu eklera zrób dziurę patykiem.
u) Napełnij rękaw cukierniczy z gładką końcówką o średnicy 1/6 cala nadzieniem Grand Marnier. Włóż końcówki do otworów na każdym końcu eklera i napełnij nadzieniem.
v) Wierzch każdego eklera posmaruj pomarańczową glazurą.
w) W razie potrzeby udekoruj paskami skórki pomarańczowej.
x) Ciesz się tymi wyśmienitymi czekoladowymi eklerami Grand Marnier!

13. Mrożone eklery czekoladowo-miętowe

SKŁADNIKI:
CIASTO ECLAIROWE:
- 3 duże jajka w temperaturze pokojowej
- 1/2 szklanki wody
- 4 1/2 łyżki niesolonego masła, pokrojonego w 1/2-calową kostkę
- 1 1/2 łyżki granulowanego cukru
- 1/2 łyżeczki ekstraktu miętowego
- 3/4 szklanki przesianej mąki uniwersalnej
- 3 łyżki przesianego, niesłodzonego, alkalizowanego proszku kakaowego

MROŻONE NADZIENIE MIĘTOWE:
- 8 uncji serka śmietankowego, zmiękczonego
- 3/4 szklanki słodzonego skondensowanego mleka
- 2 łyżki białego creme de menthe
- 4 uncje półsłodkiej czekolady o smaku miętowym, drobno posiekanej

SOS CZEKOLADOWY MIĘTOWY:
- 6 uncji półsłodkiej czekolady o smaku miętowym, drobno posiekanej
- 2/3 szklanki gęstej śmietanki
- 2 łyżki jasnego syropu kukurydzianego
- 2 łyżeczki ekstraktu waniliowego

GARNIRUNEK:
- Świeża mięta

INSTRUKCJE:
CIASTO ECLAIROWE:
a) Rozgrzej piekarnik do 425 stopni F. Wyłóż dwie blachy do pieczenia pergaminem do pieczenia.
b) W szklanej miarce wymieszaj jajka, aż się połączą. Zarezerwuj 2 łyżki ubitych jajek w małej filiżance.
c) W średnio ciężkim rondlu wymieszaj wodę, masło i cukier. Podgrzewaj na średnim ogniu, aż masło się roztopi.
d) Zwiększ ogień do średnio-wysokiego i doprowadź mieszaninę do wrzenia. Zdjąć z ognia.

e) Wymieszaj ekstrakt z mięty. Używając trzepaczki drucianej, wymieszaj mąkę z kakao. Energicznie mieszaj, aż masa będzie gładka i zacznie odchodzić od ścianek patelni.
f) Ponownie postaw patelnię na ogniu, ciągle mieszając drewnianą łyżką. Gotuj przez 30 do 60 sekund, aż pasta utworzy bardzo gładką kulę.
g) Przełóż pastę do dużej miski. Wlać 1/2 szklanki ubitych jaj na pastę i energicznie ubijać drewnianą łyżką przez 45 do 60 sekund, aż mieszanina utworzy gładkie, miękkie ciasto.
h) Napełnij rękaw cukierniczy z gładką końcówką o średnicy 5/6 cala ciastem eclair. Wytnij 5-calowe paski o szerokości około 1/2 cala na przygotowanych blachach do pieczenia, pozostawiając około 1 1/2 cala między eklerami.
i) Wierzch eklerów lekko posmaruj pozostałym ubitym jajkiem.
j) Piecz eklery przez 10 minut, następnie zmniejsz temperaturę piekarnika do 150 stopni F. Kontynuuj pieczenie przez 20 do 25 minut, aż będą chrupiące i błyszczące. Przenieść na metalową kratkę i całkowicie ostudzić.

MROŻONE NADZIENIE MIĘTOWE:
k) W dużej misce użyj ręcznego miksera elektrycznego ustawionego na średnią prędkość, aby ubić serek śmietankowy na gładką masę.
l) Dodać słodzone mleko skondensowane i likier. Ubijaj, aż będzie gładkie.
m) Dodać posiekaną czekoladę.
n) Przykryj powierzchnię nadzienia folią i zamroź do twardości, około 4 godzin.

SOS CZEKOLADOWY MIĘTOWY:
o) Umieść czekoladę w średniej misce.
p) W małym, ciężkim rondlu zagotuj śmietanę i syrop kukurydziany.
q) Gorącą śmietanową mieszaninę wylać na czekoladę. Odstaw na 30 sekund, aby czekolada się rozpuściła.
r) Delikatnie ubij, aż masa będzie gładka.
s) Wymieszaj wanilię.

MONTAŻ ECLAIRÓW:
t) Eklery przekrój na pół i usuń wilgotne ciasto.

u) Na każdą połówkę eklera nałóż 3 łyżki mrożonego nadzienia.
v) Wymień górę eklera.
w) Na talerz wylej ciepły sos czekoladowo-miętowy.
x) Na wierzchu ułóż ekler i polej sosem.
y) Udekoruj świeżą miętą.

14. Mini Czekoladowe Eklery

SKŁADNIKI:
NA CIASTO CHOUX:
- 150 ml (około 5 uncji) wody
- 60 g (około 2 uncji) masła
- 75 g (około 2,5 uncji) zwykłej mąki
- 2 duże jajka

DO WYPEŁNIENIA:
- 200 ml (około 7 uncji) śmietanki do ubijania
- Ganasz czekoladowy (z roztopionej czekolady i śmietanki)

INSTRUKCJE:
a) Rozgrzej piekarnik do 200°C (390°F). Blachę do pieczenia wyłóż papierem pergaminowym.
b) W rondlu podgrzej wodę z masłem, aż masło się rozpuści. Zdjąć z ognia i dodać mąkę. Mieszaj energicznie, aż utworzy się kula ciasta.
c) Pozostaw ciasto do lekkiego ostygnięcia, następnie dodawaj po jednym jajku, aż masa będzie gładka i błyszcząca.
d) Na blachę do pieczenia nakładaj łyżką lub wyciskaj ciasto parzone, tworząc małe eklery.
e) Piecz przez około 15-20 minut lub do momentu, aż będą napuchnięte i złociste.
f) Po ostygnięciu każdy ekler przekrój poziomo na pół. Wypełnij bitą śmietaną i polej czekoladowym ganache.

15. Budyń waniliowy Jello Eklery

SKŁADNIKI:
- 1 opakowanie (3¼ uncji) budyniu waniliowego z galaretką i nadzieniem do ciasta
- 1 ½ szklanki mleka
- ½ szklanki przygotowanego wymarzonego ubijania/bitej polewy
- 6 łyżek masła
- ¾ szklanki wody
- ¾ szklanki przesianej mąki (uniwersalnej)
- 3 jajka
- 2 kwadraty niesłodzonej czekolady
- 2 łyżki masła
- 1 ½ szklanki niesianego cukru
- odrobina soli
- 3 łyżki mleka

INSTRUKCJE:
WYKONAJ NADZIENIE:
a) Ugotuj mieszankę budyniową zgodnie z instrukcją na opakowaniu. Zmniejsz ilość mleka do 1½ szklanki.
b) Przykryj powierzchnię papierem woskowanym.
c) Schładzaj przez 1 godzinę. Ubij budyń, aż będzie gładki.
d) Połączyć z przygotowaną polewą.

WYKONAJ MUSZLE:
e) W rondlu zagotuj 6 łyżek masła i wodę. Zmniejsz słyszenie. Szybko wmieszać mąkę. Gotuj i mieszaj, aż mieszanina opuści boki patelni, około 2 minut. Zdjąć z ognia.
f) Wbić jajka, jedno po drugim. Dokładnie ubijaj, aż masa będzie satynowa. Uformuj łyżką 5 x 1-calowe paski ciasta na nienatłuszczonej blasze do pieczenia, piecz w temperaturze 425 stopni F przez 20 minut, a następnie w temperaturze 350 stopni przez 30 minut.

ZŁOŻYĆ
g) Odetnij wierzchołki ze skorupek. Każdą napełnij budyniem. Wymień blaty

ZROBIĆ GLAZĘ
h) Rozpuść czekoladę z 2 łyżkami masła na małym ogniu.
i) Zdjąć z ognia, dodać cukier, sól i 3 łyżki mleka. Natychmiast rozsmarować na eklerach.

16. Ciasteczka i Kremowe Eklery

SKŁADNIKI:
NA CIASTO CHOUX:
- 1 szklanka wody
- 1/2 szklanki niesolonego masła
- 1 Mąkę o wszechstronnym przeznaczeniu
- 1/2 łyżeczki soli
- 1 łyżka cukru
- 4 duże jajka

NA NADZIENIE CIASTECZEK I KREMEM:
- 1 1/2 szklanki ciężkiej śmietanki
- 1/4 szklanki cukru pudru
- 1 łyżeczka ekstraktu waniliowego
- 10 czekoladowych ciasteczek kanapkowych, pokruszonych

NA CZEKOLADOWY GANACHE:
- 1 szklanka półsłodkich kawałków czekolady
- 1/2 szklanki gęstej śmietanki
- 2 łyżki niesolonego masła

INSTRUKCJE:
CIASTO CHOUX:
a) Rozgrzej piekarnik do 220°C (425°F). Blachę do pieczenia wyłóż papierem pergaminowym.
b) W rondlu ustawionym na średnim ogniu wymieszaj wodę, masło, sól i cukier. Doprowadzić do wrzenia.
c) Zdjąć z ognia i szybko wymieszać z mąką, aż powstanie ciasto.
d) Postaw patelnię na małym ogniu i smaż ciasto, ciągle mieszając, przez 1-2 minuty, aby wyschło.
e) Ciasto przełożyć do dużej miski do miksowania. Pozwól mu ostygnąć przez kilka minut.
f) Dodawać po jednym jajku, dobrze ubijać po każdym dodaniu, aż ciasto będzie gładkie i błyszczące.
g) Ciasto przełożyć do rękawa cukierniczego z dużą okrągłą końcówką. Wyciśnij 4-calowe paski na przygotowaną blachę do pieczenia.
h) Piec przez 15 minut w temperaturze 425°F, następnie zmniejszyć temperaturę do 375°F (190°C) i piec przez

dodatkowe 20 minut lub do złotego koloru. Pozostawić do całkowitego ostygnięcia.

Ciasteczka i nadzienie kremowe:
i) W misce miksującej ubijaj ciężką śmietanę, aż utworzą się miękkie szczyty.
j) Dodać cukier puder i ekstrakt waniliowy. Kontynuuj ubijanie, aż utworzą się sztywne szczyty.
k) Delikatnie wymieszaj z pokruszonymi ciasteczkami czekoladowymi.

ROZPUSZCZONA CZEKOLADA:
l) Kawałki czekolady włóż do żaroodpornej miski.
m) W rondlu podgrzej gęstą śmietanę, aż zacznie się gotować.
n) Gorącą śmietanką zalać czekoladę i odstawić na minutę.
o) Mieszaj, aż masa będzie gładka, następnie dodaj masło i mieszaj, aż się rozpuści.

MONTAŻ:
p) Każdy schłodzony ekler przekrój poziomo na pół.
q) Na dolną połowę każdego eklera nałóż łyżką lub wyciśnij ciasteczka i kremowe nadzienie.
r) Na nadzieniu połóż górną połowę eklera.
s) Zanurz wierzch każdego eklera w czekoladowym ganache lub połóż ganache na wierzchu.
t) Pozwól ganache ostygnąć przez kilka minut.
u) Opcjonalnie posypujemy dodatkowo pokruszonymi ciasteczkami dla dekoracji.
v) Podawaj i delektuj się zachwycającym połączeniem kremowego nadzienia i bogatego czekoladowego ganache w każdym ciasteczkowym i kremowym eklerze!

17. Eklery czekoladowo-orzechowe

SKŁADNIKI:
NA CIASTO CHOUX:
- 1 szklanka wody
- 1/2 szklanki niesolonego masła
- 1 Mąkę o wszechstronnym przeznaczeniu
- 4 duże jajka

DO WYPEŁNIENIA:
- 2 szklanki kremu do ciasta
- 1/2 szklanki Nutelli (masło z orzechów laskowych)

NA CZEKOLADOWY GANACHE Z ORZECHAMI LASKOWYMI:
- 1 szklanka posiekanej ciemnej czekolady
- 1/2 szklanki gęstej śmietanki
- 1/4 szklanki posiekanych orzechów laskowych (do dekoracji)

INSTRUKCJE:
CIASTO CHOUX:
a) W rondlu połącz wodę i masło. Doprowadzić do wrzenia.
b) Dodaj mąkę i energicznie mieszaj, aż mieszanina utworzy kulę. Zdjąć z ognia.
c) Pozwól ciastu lekko ostygnąć, następnie dodawaj po jednym jajku, dobrze mieszając po każdym dodaniu.
d) Ciasto przełożyć do rękawa cukierniczego i wycisnąć eklery na blachę do pieczenia.
e) Piec w piekarniku nagrzanym do 190°C przez 25-30 minut lub do złotego koloru.

POŻYWNY:
f) Gdy eklery ostygną, przekrój je poziomo na pół.
g) Wymieszaj Nutellę z kremem ciasta, aż składniki dobrze się połączą.
h) Napełnij każdy ekler nadzieniem czekoladowo-orzechowym za pomocą rękawa cukierniczego lub łyżki.

GANACHE Z CZEKOLADOWYM ORZECHEM LASKOWYM:
i) Podgrzej gęstą śmietanę w rondlu, aż zacznie się gotować.
j) Gorącą śmietaną zalać posiekaną gorzką czekoladę. Odstaw na minutę, a następnie wymieszaj, aż masa będzie gładka.
k) Zanurz wierzch każdego eklera w czekoladowym ganache z orzechów laskowych, tak aby równomiernie go pokrył.
l) Dla dekoracji posyp z wierzchu posiekanymi orzechami laskowymi.
m) Przed podaniem ganache należy pozostawić na około 15 minut.
n) Ciesz się dekadenckimi eklerami z czekoladą i orzechami laskowymi!

18. Eklery miętowo-czekoladowe

SKŁADNIKI:
NA CIASTO CHOUX:
- 1 szklanka wody
- 1/2 szklanki niesolonego masła
- 1 Mąkę o wszechstronnym przeznaczeniu
- 4 duże jajka

DO WYPEŁNIENIA:
- 2 szklanki kremu do ciasta

DLA GANACHE MIĘTOWEJ CZEKOLADOWEJ:
- 1 szklanka posiekanej ciemnej czekolady
- 1/2 szklanki gęstej śmietanki
- 1 łyżeczka ekstraktu z mięty pieprzowej

INSTRUKCJE:
CIASTO CHOUX:
a) W rondlu połącz wodę i masło. Doprowadzić do wrzenia.
b) Dodaj mąkę i energicznie mieszaj, aż mieszanina utworzy kulę. Zdjąć z ognia.
c) Pozwól ciastu lekko ostygnąć, następnie dodawaj po jednym jajku, dobrze mieszając po każdym dodaniu.
d) Ciasto przełożyć do rękawa cukierniczego i wycisnąć eklery na blachę do pieczenia.
e) Piec w piekarniku nagrzanym do 190°C przez 25-30 minut lub do złotego koloru.

POŻYWNY:
f) Gdy eklery ostygną, przekrój je poziomo na pół.
g) Przygotuj krem do ciast lub użyj kupnego.
h) Opcjonalnie do kremu cukierniczego można dodać łyżeczkę ekstraktu z mięty pieprzowej, aby uzyskać miętowy smak. Dobrze wymieszaj.
i) Napełnij każdy ekler kremem cukierniczym o smaku miętowym za pomocą rękawa cukierniczego lub łyżki.

MIĘTOWY GANACHE CZEKOLADOWY:
j) Podgrzej gęstą śmietanę w rondlu, aż zacznie się gotować.
k) Gorącą śmietaną zalać posiekaną gorzką czekoladę. Odstaw na minutę, a następnie wymieszaj, aż masa będzie gładka.

l) Dodaj ekstrakt z mięty pieprzowej do ganache i dobrze wymieszaj.
m) Zanurz wierzch każdego eklera w ganache z miętowej czekolady, tak aby równomiernie go pokrył.
n) Przed podaniem ganache należy pozostawić na około 15 minut.
o) Ciesz się orzeźwiającymi eklerami z miętowej czekolady!

19. Eklery z malinami i białą czekoladą

SKŁADNIKI:
NA CIASTO CHOUX:
- 1 szklanka wody
- 1/2 szklanki niesolonego masła
- 1 Mąkę o wszechstronnym przeznaczeniu
- 4 duże jajka

DO WYPEŁNIENIA:
- 2 szklanki kawałków białej czekolady
- 1 szklanka gęstej śmietanki
- 1/2 szklanki dżemu malinowego

NA GANACHE Z BIAŁEJ CZEKOLADOWEJ MALINY:
- 1 szklanka białej czekolady, posiekanej
- 1/2 szklanki gęstej śmietanki
- Świeże maliny (do dekoracji)

INSTRUKCJE:
CIASTO CHOUX:
a) W rondlu połącz wodę i masło. Doprowadzić do wrzenia.
b) Dodaj mąkę i energicznie mieszaj, aż mieszanina utworzy kulę. Zdjąć z ognia.
c) Pozwól ciastu lekko ostygnąć, następnie dodawaj po jednym jajku, dobrze mieszając po każdym dodaniu.
d) Ciasto przełożyć do rękawa cukierniczego i wycisnąć eklery na blachę do pieczenia.
e) Piec w piekarniku nagrzanym do 190°C przez 25-30 minut lub do złotego koloru.

POŻYWNY:
f) Gdy eklery ostygną, przekrój je poziomo na pół.
g) Podgrzej gęstą śmietanę, aż zacznie się gotować.
h) Gorącą śmietaną polej kawałki białej czekolady. Odstaw na minutę, a następnie wymieszaj, aż masa będzie gładka.
i) Mieszaj z dżemem malinowym, aż składniki dobrze się połączą.
j) Każdy ekler napełnij nadzieniem z białej czekolady i malin za pomocą rękawa cukierniczego.

GANACHE Z BIAŁEJ CZEKOLADOWEJ MALINY:
k) Podgrzej gęstą śmietanę w rondlu, aż zacznie się gotować.

l) Gorącą śmietanką zalać posiekaną białą czekoladę. Odstaw na minutę, a następnie wymieszaj, aż masa będzie gładka.
m) Zanurz wierzch każdego eklera w ganache z białej czekolady i malin, tak aby równomiernie go pokrył.
n) Udekoruj każdy ekler świeżymi malinami.
o) Przed podaniem ganache należy pozostawić na około 15 minut.

20. Eklery z ciemnej czekolady i pomarańczy

SKŁADNIKI:
NA CIASTO CHOUX:
- 1 szklanka wody
- 1/2 szklanki niesolonego masła
- 1 Mąkę o wszechstronnym przeznaczeniu
- 4 duże jajka

DO WYPEŁNIENIA:
- 2 szklanki ganache czekoladowo-pomarańczowego
- Skórka pomarańczowa do dekoracji

NA LAKIERĘ CZEKOLADOWĄ:
- 1/2 szklanki gorzkiej czekolady, posiekanej
- 1/4 szklanki niesolonego masła
- 1 szklanka cukru pudru
- 1/4 szklanki gorącej wody

INSTRUKCJE:
CIASTO CHOUX:
a) W rondlu połącz wodę i masło. Podgrzewaj na średnim ogniu, aż masło się roztopi i mieszanina zagotuje.
b) Zdejmij z ognia, dodaj całą mąkę i energicznie mieszaj, aż mieszanina utworzy kulę.
c) Pozostaw ciasto do ostygnięcia na kilka minut, następnie dodawaj po jednym jajku, dobrze ubijając po każdym dodaniu.
d) Ciasto przełożyć do rękawa cukierniczego i wycisnąć eklery na blachę do pieczenia.
e) Piec w piekarniku nagrzanym do 190°C przez około 30 minut lub do złotego koloru. Pozwól ostygnąć.

POŻYWNY:
f) Przygotuj czekoladowo-pomarańczowy ganache, rozpuszczając ciemną czekoladę i dodając do mieszanki skórkę pomarańczową.
g) Gdy ganache lekko ostygnie, ale nadal będzie nadawał się do nalewania, napełnij eklery wstrzykując lub rozprowadzając ganache w środku.

POLEWĄ CZEKOLADOWĄ:
h) W żaroodpornej misce rozpuść czekoladę z masłem na podwójnym bojlerze.

i) Zdejmij z ognia, dodaj cukier puder i stopniowo dodawaj gorącą wodę, aż masa będzie gładka.
j) Zanurz wierzch każdego eklera w polewie czekoladowej, pozwalając, aby nadmiar spłynął.
k) Posyp dodatkową skórką pomarańczową każdy ekler, aby uzyskać cytrusowy aromat.
l) Napełnione i oszklone eklery wkładamy do lodówki na około 30 minut, aby czekolada stwardniała.
m) Podawaj schłodzone i rozkoszuj się zachwycającym połączeniem ciemnej czekolady i pomarańczy w tych wyjątkowych eklerach!

21.Pikantne meksykańskie eklery czekoladowe

SKŁADNIKI:
NA CIASTO CHOUX:
- 1 szklanka wody
- 1/2 szklanki niesolonego masła
- 1 Mąkę o wszechstronnym przeznaczeniu
- 4 duże jajka

DO WYPEŁNIENIA:
- 2 szklanki ganache czekoladowo-cynamonowego
- Szczypta pieprzu cayenne

NA LAKIERĘ CZEKOLADOWĄ:
- 1/2 szklanki gorzkiej czekolady, posiekanej
- 1/4 szklanki niesolonego masła
- 1 szklanka cukru pudru
- 1/4 łyżeczki mielonego cynamonu

INSTRUKCJE:
CIASTO CHOUX:
a) W rondlu połącz wodę i masło. Podgrzewaj na średnim ogniu, aż masło się roztopi i mieszanina zagotuje.
b) Zdejmij z ognia, dodaj całą mąkę i energicznie mieszaj, aż mieszanina utworzy kulę.
c) Pozostaw ciasto do ostygnięcia na kilka minut, następnie dodawaj po jednym jajku, dobrze ubijając po każdym dodaniu.
d) Ciasto przełożyć do rękawa cukierniczego i wycisnąć eklery na blachę do pieczenia.
e) Piec w piekarniku nagrzanym do 190°C przez około 30 minut lub do złotego koloru. Pozwól ostygnąć.

POŻYWNY:
f) Przygotuj czekoladowo-cynamonowy ganache, rozpuszczając ciemną czekoladę i dodając do mieszanki mielony cynamon.
g) Do ganache dodaj szczyptę pieprzu cayenne, dostosowując do smaku.
h) Gdy ganache lekko ostygnie, ale nadal będzie nadawał się do nalewania, napełnij eklery wstrzykując lub rozprowadzając pikantną mieszankę czekoladową w środku.

POLEWĄ CZEKOLADOWĄ:

i) W żaroodpornej misce rozpuść czekoladę z masłem na podwójnym bojlerze.
j) Zdejmij z ognia, dodaj cukier puder i stopniowo dodawaj gorącą wodę, aż masa będzie gładka.
k) Zanurz wierzch każdego eklera w polewie czekoladowej, pozwalając, aby nadmiar spłynął.
l) Napełnione i oszklone eklery należy wstawić do lodówki na około 30 minut.
m) Podawaj schłodzone i ciesz się wyjątkowym połączeniem pikantnej meksykańskiej czekolady w tych eklerach!

22. Eklery czekoladowo-pralinowe z orzechami laskowymi

SKŁADNIKI:
NA CIASTO CHOUX:
- 1 szklanka wody
- 1/2 szklanki niesolonego masła
- 1 Mąkę o wszechstronnym przeznaczeniu
- 4 duże jajka

DO WYPEŁNIENIA:
- 2 szklanki kremu pralinowego z orzechów laskowych

NA LAKIERĘ CZEKOLADOWĄ:
- 1/2 szklanki gorzkiej czekolady, posiekanej
- 1/4 szklanki niesolonego masła
- Zmielone orzechy laskowe do dekoracji

INSTRUKCJE:
CIASTO CHOUX:
a) W rondlu połącz wodę i masło. Podgrzewaj na średnim ogniu, aż masło się roztopi i mieszanina zagotuje.
b) Zdejmij z ognia, dodaj całą mąkę i energicznie mieszaj, aż mieszanina utworzy kulę.
c) Pozostaw ciasto do ostygnięcia na kilka minut, następnie dodawaj po jednym jajku, dobrze ubijając po każdym dodaniu.
d) Ciasto przełożyć do rękawa cukierniczego i wycisnąć eklery na blachę do pieczenia.
e) Piec w piekarniku nagrzanym do 190°C przez około 30 minut lub do złotego koloru. Pozwól ostygnąć.

POŻYWNY:
f) Przygotuj krem pralinowy z orzechów laskowych, dodając pokruszone orzechy laskowe do podstawowego kremu lub budyniu.
g) Gdy krem pralinowy z orzechów laskowych będzie gotowy, napełnij eklery wstrzykując lub rozprowadzając krem do środka.

POLEWĄ CZEKOLADOWĄ:
h) W żaroodpornej misce rozpuść czekoladę z masłem na podwójnym bojlerze.
i) Zanurz wierzch każdego eklera w polewie czekoladowej, pozwalając, aby nadmiar spłynął.

j) Posyp pokruszonymi orzechami laskowymi wierzch każdego eklera, aby dodać smaku i tekstury.
k) Napełnione i oszklone eklery należy wstawić do lodówki na około 30 minut.
l) Podawaj schłodzone i delektuj się zachwycającym połączeniem praliny z orzechów laskowych i czekolady w tych eklerach!

23. Eklery czekoladowe Crème Brûlée

SKŁADNIKI:
NA CIASTO CHOUX:
- 1 szklanka wody
- 1/2 szklanki niesolonego masła
- 1 Mąkę o wszechstronnym przeznaczeniu
- 4 duże jajka

DO WYPEŁNIENIA:
- 2 szklanki kremu czekoladowego (lub kremu czekoladowego)

NA polewę CRÈME BRÛLÉE:
- 1/4 szklanki granulowanego cukru
- Palnik kuchenny do karmelizacji

INSTRUKCJE:
CIASTO CHOUX:
a) W rondlu połącz wodę i masło. Podgrzewaj na średnim ogniu, aż masło się roztopi i mieszanina zagotuje.
b) Zdejmij z ognia, dodaj całą mąkę i energicznie mieszaj, aż mieszanina utworzy kulę.
c) Pozostaw ciasto do ostygnięcia na kilka minut, następnie dodawaj po jednym jajku, dobrze ubijając po każdym dodaniu.
d) Ciasto przełożyć do rękawa cukierniczego i wycisnąć eklery na blachę do pieczenia.
e) Piec w piekarniku nagrzanym do 190°C przez około 30 minut lub do złotego koloru. Pozwól ostygnąć.

POŻYWNY:
f) Przygotuj krem czekoladowy lub krem czekoladowy i pozostaw do ostygnięcia.
g) Gdy ciasto parzone ostygnie, napełnij eklery wstrzykując lub rozprowadzając krem czekoladowy w środku.

Polewę CRÈME BRÛLÉE:
h) Posyp każdy ekler cienką, równą warstwą granulowanego cukru.
i) Za pomocą palnika kuchennego karmelizuj cukier, aż utworzy się złotobrązowa skórka. Poruszaj palnikiem okrężnymi ruchami, aby zapewnić równomierną karmelizację.
j) Pozwól karmelizowanemu cukrowi ostygnąć i stwardnieć przez kilka minut.
k) Podawaj eklery czekoladowe Crème Brûlée z zachwycającym kontrastem chrupiącej karmelizowanej polewy i kremowego nadzienia czekoladowego.

24.Bezglutenowe Eklery Czekoladowe

SKŁADNIKI:
NA BEZGLUTENOWE CIASTO CHUX:
- 1 szklanka wody
- 1/2 szklanki niesolonego masła
- 1 szklanka mąki bezglutenowej uniwersalnej
- 1/2 łyżeczki gumy ksantanowej (jeśli nie jest dodana do mieszanki mąki)
- 4 duże jajka

DO WYPEŁNIENIA:
- 2 szklanki bezglutenowego kremu czekoladowego do ciasta

NA LAKIERĘ CZEKOLADOWĄ:
- 1/2 szklanki gorzkiej czekolady, posiekanej
- 1/4 szklanki niesolonego masła
- 1 szklanka cukru pudru
- 1/4 szklanki gorącej wody

INSTRUKCJE:
BEZGLUTENOWE CIASTO CHOUX:
a) Rozgrzej piekarnik do 190°C i wyłóż blachę do pieczenia papierem pergaminowym.
b) W rondlu połącz wodę i masło. Podgrzewaj na średnim ogniu, aż masło się roztopi i mieszanina zagotuje.
c) Zdejmij z ognia, dodaj mąkę bezglutenową i gumę ksantanową (w razie potrzeby) i energicznie mieszaj, aż mieszanina utworzy kulę.
d) Pozostaw ciasto do ostygnięcia na kilka minut, następnie dodawaj po jednym jajku, dobrze ubijając po każdym dodaniu.
e) Przełożyć bezglutenowe ciasto parzone do rękawa cukierniczego i wycisnąć eklery na przygotowaną blachę.
f) Piec przez około 30 minut lub do złotego koloru. Pozwól ostygnąć.

POŻYWNY:
g) Przygotuj bezglutenowy krem czekoladowy i pozostaw do ostygnięcia.
h) Po ostygnięciu bezglutenowego ciasta parzonego napełnij eklery wstrzykując lub rozprowadzając krem czekoladowy w środku.

POLEWĄ CZEKOLADOWĄ:

i) W żaroodpornej misce rozpuść ciemną czekoladę z masłem na podwójnym bojlerze.
j) Zdejmij z ognia, dodaj cukier puder i stopniowo dodawaj gorącą wodę, aż masa będzie gładka.
k) Zanurz wierzch każdego bezglutenowego eklera w polewie czekoladowej, pozwalając, aby nadmiar spłynął.
l) Napełnione i oszklone eklery bezglutenowe wstawić do lodówki na około 30 minut.
m) Podawaj schłodzone i ciesz się bezglutenową wersją tych pysznych czekoladowych eklerów!

25.Eklery z czekoladą i solonym karmelem

SKŁADNIKI:
NA CIASTO CHOUX:
- 1 szklanka wody
- 1/2 szklanki niesolonego masła
- 1 Mąkę o wszechstronnym przeznaczeniu
- 4 duże jajka

DO WYPEŁNIENIA:
- 2 szklanki kremu z solonym karmelem
- Dodatkowa sól morska do dekoracji

NA LAKIERĘ CZEKOLADOWĄ:
- 1/2 szklanki gorzkiej czekolady, posiekanej
- 1/4 szklanki niesolonego masła
- 1 szklanka cukru pudru
- 1/4 szklanki gorącej wody

INSTRUKCJE:
CIASTO CHOUX:
a) Rozgrzej piekarnik do 190°C i wyłóż blachę do pieczenia papierem pergaminowym.
b) W rondlu połącz wodę i masło. Podgrzewaj na średnim ogniu, aż masło się roztopi i mieszanina zagotuje.
c) Zdejmij z ognia, dodaj mąkę i energicznie mieszaj, aż mieszanina utworzy kulę.
d) Pozostaw ciasto do ostygnięcia na kilka minut, następnie dodawaj po jednym jajku, dobrze ubijając po każdym dodaniu.
e) Ciasto przełożyć do rękawa cukierniczego i wycisnąć eklery na przygotowaną blachę.
f) Piec przez około 30 minut lub do złotego koloru. Pozwól ostygnąć.

POŻYWNY:
g) Przygotuj krem z solonym karmelem, dodając sól morską do podstawowego kremu lub kremu do ciasta.
h) Gdy ciasto parzone ostygnie, napełnij eklery wstrzykując lub rozprowadzając na środku krem z solonym karmelem.

POLEWĄ CZEKOLADOWĄ:
i) W żaroodpornej misce rozpuść ciemną czekoladę z masłem na podwójnym bojlerze.

j) Zdejmij z ognia, dodaj cukier puder i stopniowo dodawaj gorącą wodę, aż masa będzie gładka.
k) Zanurz wierzch każdego eklera w polewie czekoladowej, pozwalając, aby nadmiar spłynął.
l) Posyp szczyptą soli morskiej każdy ekler w polewie czekoladowej, aby uzyskać dodatkową porcję smaku solonego karmelu.
m) Napełnione i oszklone eklery należy wstawić do lodówki na około 30 minut.
n) Podawaj schłodzone i ciesz się wyśmienitym połączeniem czekolady i solonego karmelu w tych eklerach!

26. Eklery czekoladowe nadziewane praliną

SKŁADNIKI:
NA CIASTO CHOUX:
- 1 szklanka wody
- 1/2 szklanki niesolonego masła
- 1 Mąkę o wszechstronnym przeznaczeniu
- 4 duże jajka

DO WYPEŁNIENIA:
- 2 szklanki kremu pralinowego z orzechów laskowych

NA LAKIERĘ CZEKOLADOWĄ:
- 1/2 szklanki gorzkiej czekolady, posiekanej
- 1/4 szklanki niesolonego masła
- Zmielone orzechy laskowe do dekoracji

INSTRUKCJE:
CIASTO CHOUX:
a) Rozgrzej piekarnik do 190°C i wyłóż blachę do pieczenia papierem pergaminowym.
b) W rondlu połącz wodę i masło. Podgrzewaj na średnim ogniu, aż masło się roztopi i mieszanina zagotuje.
c) Zdejmij z ognia, dodaj mąkę i energicznie mieszaj, aż mieszanina utworzy kulę.
d) Pozostaw ciasto do ostygnięcia na kilka minut, następnie dodawaj po jednym jajku, dobrze ubijając po każdym dodaniu.
e) Ciasto przełożyć do rękawa cukierniczego i wycisnąć eklery na przygotowaną blachę.
f) Piec przez około 30 minut lub do złotego koloru. Pozwól ostygnąć.

POŻYWNY:
g) Przygotuj krem pralinowy z orzechów laskowych, dodając pokruszone orzechy laskowe do podstawowego kremu lub budyniu.
h) Gdy ciasto parzone ostygnie, napełnij eklery wstrzykując lub rozprowadzając krem pralinowy z orzechów laskowych.

POLEWĄ CZEKOLADOWĄ:
i) W żaroodpornej misce rozpuść ciemną czekoladę z masłem na podwójnym bojlerze.

j) Zanurz wierzch każdego eklera w polewie czekoladowej, pozwalając, aby nadmiar spłynął.
k) Posyp pokruszonymi orzechami laskowymi wierzch każdego eklera, aby dodać smaku i tekstury.
l) Napełnione i oszklone eklery należy wstawić do lodówki na około 30 minut.
m) Podawaj schłodzone i delektuj się zachwycającym połączeniem praliny i czekolady w tych eklerach!

27. Czekoladowe eklery pistacjowe

SKŁADNIKI:
NA CIASTO CHOUX:
- 1 szklanka wody
- 1/2 szklanki niesolonego masła
- 1 Mąkę o wszechstronnym przeznaczeniu
- 4 duże jajka

DO WYPEŁNIENIA:
- 2 szklanki kremu pistacjowego

NA LAKIERĘ CZEKOLADOWĄ:
- 1/2 szklanki gorzkiej czekolady, posiekanej
- 1/4 szklanki niesolonego masła
- Pokruszone pistacje do dekoracji

INSTRUKCJE:
CIASTO CHOUX:
a) Rozgrzej piekarnik do 190°C i wyłóż blachę do pieczenia papierem pergaminowym.
b) W rondlu połącz wodę i masło. Podgrzewaj na średnim ogniu, aż masło się roztopi i mieszanina zagotuje.
c) Zdejmij z ognia, dodaj mąkę i energicznie mieszaj, aż mieszanina utworzy kulę.
d) Pozostaw ciasto do ostygnięcia na kilka minut, następnie dodawaj po jednym jajku, dobrze ubijając po każdym dodaniu.
e) Ciasto przełożyć do rękawa cukierniczego i wycisnąć eklery na przygotowaną blachę.
f) Piec przez około 30 minut lub do złotego koloru. Pozwól ostygnąć.

POŻYWNY:
g) Przygotuj krem pistacjowy, dodając pokruszone pistacje do podstawowego kremu lub kremu do ciasta.
h) Gdy ciasto parzone ostygnie, napełnij eklery wstrzykując lub smarując środek kremem z ciasta pistacjowego.

POLEWĄ CZEKOLADOWĄ:
i) W żaroodpornej misce rozpuść ciemną czekoladę z masłem na podwójnym bojlerze.
j) Zanurz wierzch każdego eklera w polewie czekoladowej, pozwalając, aby nadmiar spłynął.

k) Posyp pokruszonymi pistacjami na wierzchu każdego eklera, aby dodać smaku i tekstury.
l) Napełnione i oszklone eklery należy wstawić do lodówki na około 30 minut.
m) Podawaj schłodzone i rozkoszuj się zachwycającym połączeniem czekolady i pistacji w tych eklerach!

28. Eklery z musem czekoladowym

SKŁADNIKI:
NA CIASTO CHOUX:
- 1 szklanka wody
- 1/2 szklanki niesolonego masła
- 1 Mąkę o wszechstronnym przeznaczeniu
- 4 duże jajka

NA NADZIENIE Z MUSU CZEKOLADOWEGO:
- 1 1/2 szklanki ciężkiej śmietanki
- 1 szklanka posiekanej ciemnej czekolady
- 1/4 szklanki granulowanego cukru
- 1 łyżeczka ekstraktu waniliowego

NA LAKIERĘ CZEKOLADOWĄ:
- 1/2 szklanki gorzkiej czekolady, posiekanej
- 1/4 szklanki niesolonego masła
- 1 szklanka cukru pudru
- 1/4 szklanki gorącej wody

INSTRUKCJE:
CIASTO CHOUX:
a) Rozgrzej piekarnik do 190°C i wyłóż blachę do pieczenia papierem pergaminowym.
b) W rondlu połącz wodę i masło. Podgrzewaj na średnim ogniu, aż masło się roztopi i mieszanina zagotuje.
c) Zdejmij z ognia, dodaj mąkę i energicznie mieszaj, aż mieszanina utworzy kulę.
d) Pozostaw ciasto do ostygnięcia na kilka minut, następnie dodawaj po jednym jajku, dobrze ubijając po każdym dodaniu.
e) Ciasto przełożyć do rękawa cukierniczego i wycisnąć eklery na przygotowaną blachę.
f) Piec przez około 30 minut lub do złotego koloru. Pozwól ostygnąć.

NADZIENIE Z MUSU CZEKOLADOWEGO:
g) W żaroodpornej misce rozpuść ciemną czekoladę na podwójnym bojlerze lub w kuchence mikrofalowej, mieszając, aż masa będzie gładka. Niech lekko ostygnie.

h) W osobnej misce ubijaj ciężką śmietanę, aż utworzą się miękkie szczyty. Dodaj cukier i ekstrakt waniliowy i kontynuuj ubijanie, aż powstanie sztywna piana.
i) Delikatnie wymieszaj roztopioną czekoladę z ubitą śmietaną, aż składniki dobrze się połączą.
j) Po ostygnięciu eklerów napełnij je musem czekoladowym, wstrzykując lub rozprowadzając mus w środku.

POLEWĄ CZEKOLADOWĄ:

k) W żaroodpornej misce rozpuść ciemną czekoladę z masłem na podwójnym bojlerze.
l) Zdejmij z ognia, dodaj cukier puder i stopniowo dodawaj gorącą wodę, aż masa będzie gładka.
m) Zanurz wierzch każdego eklera w polewie czekoladowej, pozwalając, aby nadmiar spłynął.
n) Napełnione i oszklone eklery należy wstawić do lodówki na około 30 minut.
o) Podawaj schłodzone i ciesz się dekadenckimi, kremowymi eklerami z musu czekoladowego

EKLARY OWOCOWE

29. Eklery z musem malinowo-brzoskwiniowym

SKŁADNIKI:
CIASTO ECLAIROWE:
- 3 duże jajka w temperaturze pokojowej
- 2/3 szklanki wody
- 5 łyżek niesolonego masła, pokrojonego w kostkę o wielkości 1/2 cala
- 3/16 łyżeczki soli
- 2/3 szklanki przesianej mąki uniwersalnej
- 1/2 łyżeczki skórki cytrynowej

Nadzienie z musu malinowo-brzoskwiniowego:
- 1/4 szklanki zimnej wody
- 1 koperta niesmakowanej żelatyny w proszku
- 1 szklanka ciężkiej śmietany, podzielona
- 1 łyżka cukru granulowanego
- 4 uncje szwajcarskiej białej czekolady, grubo posiekanej
- 1/2 szklanki mrożonych malin, rozmrożonych
- 2 łyżki likieru Chambord
- 1/2 szklanki drobno posiekanych brzoskwiń świeżych lub z puszki

SOS MALINOWY:
- 1 torebka (12 uncji) mrożonych malin
- 3/4 szklanki granulowanego cukru
- 2 łyżki likieru Chambord

GARNIRUNEK:
- Cukier cukierników
- Plasterki brzoskwini
- Mięta (opcjonalnie)

INSTRUKCJE:
CIASTO ECLAIROWE:
a) Rozgrzej piekarnik do 425 stopni F. Wyłóż dwie blachy do pieczenia pergaminem do pieczenia.
b) W szklanej miarce wymieszaj jajka, aż się połączą. Zarezerwuj 2 łyżki ubitych jajek w małej filiżance.
c) W średnio ciężkim rondlu połącz wodę, masło i sól. Podgrzewaj na średnim ogniu, aż masło się roztopi.

d) Zwiększ ogień do średnio-wysokiego i doprowadź mieszaninę do wrzenia. Zdjąć z ognia.
e) Używając trzepaczki drucianej, wymieszaj mąkę i skórkę z cytryny. Energicznie mieszaj, aż masa będzie gładka i zacznie odchodzić od brzegów patelni.
f) Ponownie postaw patelnię na ogniu, ciągle mieszając drewnianą łyżką. Gotuj przez 30 do 60 sekund, aż pasta utworzy bardzo gładką kulę.
g) Przełóż pastę do dużej miski.
h) Wlać zarezerwowaną 1/2 szklanki ubitych jaj na pastę i energicznie ubijać drewnianą łyżką przez 45 do 60 sekund, aż mieszanina utworzy gładkie, miękkie ciasto.
i) Napełnij rękaw cukierniczy z gładką końcówką o średnicy 5/16 cala ciastem eclair. Wytnij 4 1/2-calowe paski o szerokości około 1/2 cala na przygotowanych blachach do pieczenia, pozostawiając około 1 1/2 cala między eklerami.
j) Wierzch eklerów lekko posmaruj pozostałym ubitym jajkiem.
k) Piecz eklery przez 10 minut, następnie zmniejsz temperaturę piekarnika do 150 stopni F. Kontynuuj pieczenie przez 20 do 25 minut, aż uzyskają głęboki złoty kolor. Przenieść na metalową kratkę i całkowicie ostudzić.

Nadzienie z musu malinowo-brzoskwiniowego:
l) Umieść zimną wodę w małej filiżance. Zalać żelatynę wodą i odstawić na 5 minut, aby żelatyna zmiękła.
m) W małym rondlu wymieszaj 1/2 szklanki śmietany i cukier. Gotuj na średnim ogniu, ciągle mieszając, aż mieszanina lekko się zagotuje.
n) Do gorącej śmietanki dodaj zmiękczoną żelatynę i mieszaj, aż żelatyna całkowicie się rozpuści.
o) W robocie kuchennym zmiel białą czekoladę na drobne kawałki. Dodaj gorącą śmietankę i miksuj, aż masa będzie całkowicie gładka.
p) Dodaj rozmrożone maliny i Chambord do mieszanki białej czekolady. Przetwarzaj, aż będzie gładka.
q) Przenieść mieszaninę do średniej miski i wymieszać z pokrojonymi brzoskwiniami.

r) W schłodzonej średniej misce, za pomocą ręcznego miksera elektrycznego ustawionego na średnią prędkość, ubijaj pozostałą 1/2 szklanki śmietanki, aż zaczną tworzyć się miękkie szczyty.
s) Delikatnie wymieszaj ubitą śmietanę z masą malinowo-czekoladową.
t) Przykryj powierzchnię musu folią i wstaw do lodówki na 15 minut lub do momentu, aż masa zgęstnieje i utworzy miękkie kopczyki. Nie dopuścić do całkowitego zastygnięcia musu.

SOS MALINOWY:
u) W średnim rondlu wymieszaj mrożone maliny i cukier. Gotuj na średnim ogniu, ciągle mieszając, aż cukier całkowicie się rozpuści, a jagody będą miękkie. Nie dopuść do wrzenia mieszaniny.
v) Masę malinową przecedzić przez sito o drobnych oczkach do miski.
w) Wymieszaj Chambord. Przykryj i przechowuj w lodówce do momentu podania.

MONTAŻ ECLAIRÓW:
x) Eklery przekrój na pół i usuń wilgotne ciasto.
y) Do każdego eklera nakładamy około trzech łyżek nadzienia z musu malinowo-brzoskwiniowego.
z) Wymień górę eklera.
aa) W razie potrzeby posyp eklery cukrem pudrem.
bb) Skrop każdy talerz deserowy odrobiną sosu malinowego.
cc) Na wierzch połóż ekler.
dd) W razie potrzeby udekoruj plasterkami brzoskwiń i miętą.

30.Pomarańczowy Eklery

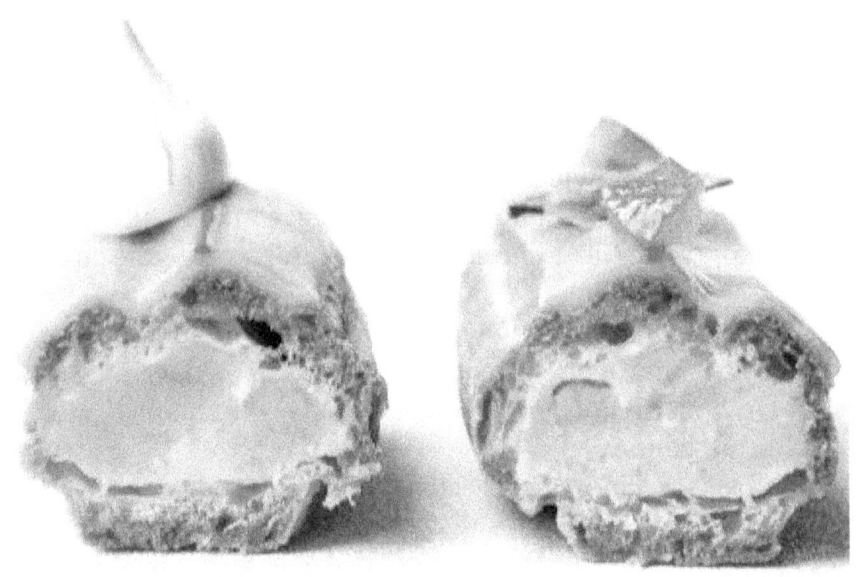

SKŁADNIKI:
ECLAIRY:
- 3 łyżki maślanki 70% smarowidła na oleju roślinnym
- 1/4 łyżeczki soli
- 3/4 szklanki mąki uniwersalnej
- 2 jajka
- 1 białko jaja

KREM DO CIAST:
- 2/3 szklanki 1% mleka o niskiej zawartości tłuszczu
- 3 łyżki cukru
- 4 łyżeczki mąki uniwersalnej
- 2 łyżeczki skrobi kukurydzianej
- 1/8 łyżeczki soli
- 1 żółtko
- 1 łyżeczka 70% maślanki-oleju roślinnego do smarowania
- 2 łyżeczki startej skórki pomarańczowej
- 1 łyżeczka ekstraktu pomarańczowego
- 1/2 łyżeczki wanilii
- 12 szklanek mrożonej, beztłuszczowej, bezmlecznej, ubijanej polewy, rozmrożonej

POLEWĄ CZEKOLADOWĄ:
- 1/4 szklanki niskotłuszczowego słodzonego mleka skondensowanego
- 2 łyżki niesłodzonego kakao w proszku
- 2-4 łyżeczki wody (w razie potrzeby)

INSTRUKCJE:
ECLAIRY:

a) W małym rondlu połącz olej roślinny do smarowania, sól i 3/4 szklanki wody. Doprowadzić do wrzenia. Zdjąć z ognia.

b) Dodaj mąkę na raz i szybko wymieszaj drewnianą łyżką, aż mieszanina połączy się w kulę.

c) Postaw rondelek na małym ogniu na 3-4 minuty do wystudzenia ciasta, cały czas mieszając drewnianą łyżką. Ciasto powinno być miękkie i nie lepkie.

d) Przenieś ciasto do robota kuchennego lub dużej miski wysokowydajnego miksera elektrycznego. Schłodzić przez 5 minut.
e) Dodawaj jajka i białka, jedno po drugim, miksując do uzyskania całkowicie gładkiej masy po każdym dodaniu.
f) Posmaruj blachę do pieczenia sprayem zapobiegającym przywieraniu. Dużą rękaw cukierniczy (bez końcówki) napełnij ciastem. Wyciśnij 8 eklerów, każdy o średnicy 1 cala i długości 4 cali, na blachę do pieczenia. Pozostawiamy je na co najmniej 10 minut do wyschnięcia.
g) Rozgrzej piekarnik do 375°F. Piec przez 35-40 minut lub do momentu, aż będzie złocisty i całkowicie ugotowany. Przenieść na kratkę do ostygnięcia.

KREM DO CIAST:
h) W małym rondlu wymieszaj mleko, cukier, mąkę, skrobię kukurydzianą i sól, aż się połączą.
i) Gotuj na średnim ogniu, ciągle mieszając, aż mieszanina zagotuje się i zgęstnieje, 4-5 minut.
j) Zdjąć z ognia. W małej misce lekko ubij żółtko. Stopniowo dodawaj około 1/4 szklanki gorącej mieszanki mlecznej.
k) Wymieszaj mieszaninę żółtek z powrotem z mieszaniną mleka na patelni. Ponownie postaw patelnię na średnim ogniu i wymieszaj mieszaninę, aż zacznie się gotować, około 30 sekund. Zdjąć z ognia.
l) Mieszaj z olejem roślinnym, skórką oraz ekstraktami z pomarańczy i wanilii, aż masa będzie gładka i rozpuszczona. Przełożyć do miski.
m) Dociśnij folię bezpośrednio do powierzchni. Ochłodzić do temperatury pokojowej, następnie dokładnie schłodzić w lodówce, około 2 godzin.
n) Dodać ubitą polewę. Przechowywać w lodówce do momentu gotowości do montażu.

MONTAŻ ECLAIRÓW:
o) Każdy ekler przekrój wzdłuż na pół.
p) Na każdy spód eklera nałóż około 3 łyżek kremu cukierniczego. Wymień blaty.

POLEWĄ CZEKOLADOWĄ:

q) W małym rondlu połącz mleko skondensowane i kakao.
r) Podgrzewaj na małym ogniu, ciągle mieszając, aż mieszanina zacznie bulgotać i zgęstnieje, 1-2 minuty.
s) Rozsmarować na wierzchu eklerów. Jeśli lukier jest zbyt gęsty, rozrzedź go 2-4 łyżeczkami wody.
t) Podawaj natychmiast i ciesz się pysznymi Eclairs à l'Orange!

31. Eklery z marakuji

SKŁADNIKI:
DLA ECLAIRÓW:
- ½ szklanki niesolonego masła
- 1 szklanka wody
- 1 Mąkę o wszechstronnym przeznaczeniu
- ¼ łyżeczki soli koszernej
- 4 jajka

NA KREM Z CIASTA MASKUJĄCEGO:
- 6 Marakuja (wyciśnięta)
- 5 żółtek jaj
- ⅓ szklanki skrobi kukurydzianej
- ¼ łyżeczki soli koszernej
- ⅔ szklanki granulowanego cukru
- 2 szklanki pełnego mleka
- 1 łyżka masła

INSTRUKCJE:
DLA ECLAIRÓW:
a) Rozgrzej piekarnik do 425°F.
b) W dużym garnku na kuchence zagotuj wodę i masło.
c) Dodajemy sól, a po jej rozpuszczeniu dodajemy mąkę, mieszając aż powstanie galaretowata kula.
d) Gorące ciasto przekładamy do miski miksującej i odstawiamy na 2 minuty do ostygnięcia.
e) Dodawaj po jednym jajku, mieszając aż do całkowitego połączenia.
f) Ciasto przełożyć do rękawa cukierniczego.
g) Na wyłożonej pergaminem blasze do pieczenia wyciskaj rurki ciasta o długości 3 cali.
h) Piec na złoty kolor, około 20-25 minut.
i) Pozostaw eklery do ostygnięcia, a następnie podziel je na pół, wkładając nadzienie pomiędzy połówki lub użyj rękawa cukierniczego, aby wycisnąć nadzienie do środka.

NA KREM Z CIASTA MASKUJĄCEGO:
j) Wyciśnij sok z marakui, starając się usunąć nasiona.
k) W misce wymieszaj żółtka, skrobię kukurydzianą, sól i cukier.

l) Stopniowo dodawaj gorące mleko do masy jajecznej, cały czas ubijając, aby zapobiec poceniu się masy.
m) Wlać mieszaninę z powrotem do rondla i podgrzewać na średnim ogniu, aż zgęstnieje jak budyń.
n) Zdjąć z ognia, dodać sok z marakui i masło do gorącego kremu do ciasta, mieszać aż do całkowitego połączenia.
o) Pozostaw krem do ciasta do ostygnięcia w temperaturze pokojowej, a następnie przechowuj w lodówce pod folią spożywczą na maksymalnie 3 dni.
p) Po złożeniu schłodzony krem przełóż do rękawa cukierniczego, pokrój ekler i wypełnij wnętrze kremem.

32. Pełnoziarniste eklery owocowe

SKŁADNIKI:
CIASTO CHOUX:
- ½ szklanki wody
- ¼ szklanki niesolonego masła
- Szczypta soli
- ¼ szklanki mąki uniwersalnej
- ¼ szklanki mąki pełnoziarnistej
- 2 sztuki całe jajka

POŻYWNY:
- 1 szklanka odtłuszczonego mleka lub bezmlecznego mleka orzechowego
- 2 łyżki mieszanki cukru stewii
- 1 sztuka żółtko
- 2 łyżki skrobi kukurydzianej
- Szczypta soli
- 1 łyżeczka wanilii
- ½ szklanki śmietany do ubijania
- Świeże owoce do posypania

INSTRUKCJE:
a) Rozgrzej piekarnik do 190°F. Nasmaruj tłuszczem i wyłóż jedną blachę z ciasteczkami.
b) W rondlu wymieszaj wodę, masło i sól. Podgrzewaj, aż masło się rozpuści, a woda zagotuje. Obniż ciepło. Dodaj mąkę i energicznie mieszaj, aż mieszanina odejdzie od brzegów patelni. Zdjąć z ognia i lekko ostudzić. Z drewnianą łyżką; ubijaj jajka, jedno po drugim, aż masa będzie gładka.
c) Kontynuuj ubijanie, aż masa będzie bardzo gładka i błyszcząca. Przełożyć mieszaninę do rękawa cukierniczego. Wytnij paski o długości około 3 cali i odległości 2 cali od siebie. Piec w 375F przez 30-45 minut; Kontynuuj pieczenie, aż eklery staną się brązowe i całkowicie suche. Studzimy na drucianych stojakach.

PRZYGOTOWAĆ NADZIENIE KREMOWE:
d) W rondlu wymieszaj cukier, skrobię kukurydzianą, sól, mleko i żółtka. Gotuj na średnim ogniu, ciągle mieszając, aż mieszanina zgęstnieje. Zdjąć z ognia. Wymieszać z wanilią. Przechowywać w lodówce do ostygnięcia.
e) Gdy krem ostygnie, ostrożnie dodaj do niego bitą śmietanę. Ułożyć na rękawie cukierniczym.

ZŁOŻYĆ:
f) Napełnij wypieki kremem i udekoruj świeżymi owocami.
g) Podawać.

33. Eklery z marakuji i malin

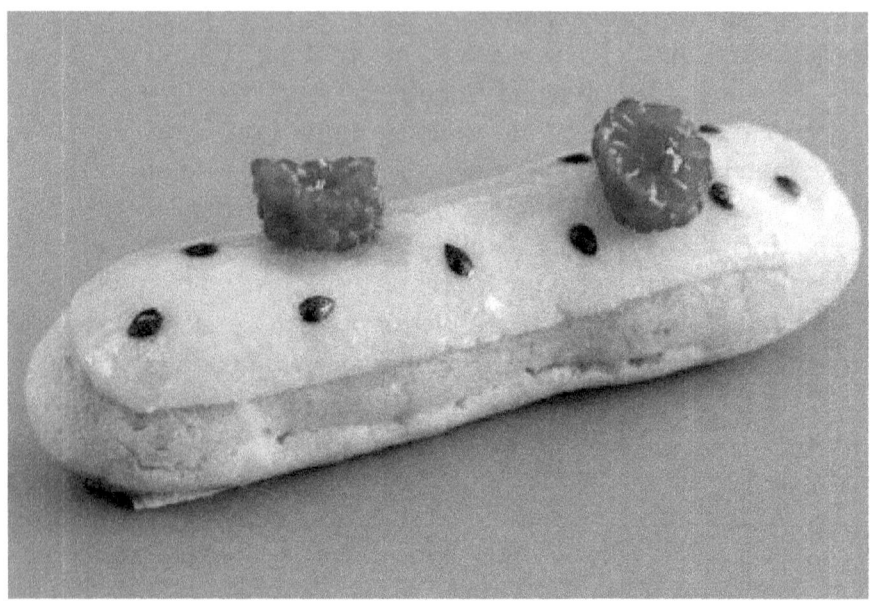

SKŁADNIKI:
DLA NEUTRALNEJ SZKLIWY:
- 125 g wody
- 5 g pektyny NH (1 łyżeczka)
- 30 g cukru granulowanego
- 100 g cukru granulowanego
- 8g Syropu glukozowego

NA KREM Z MARAKUCJI:
- 75 g soku z marakui (około 7 owoców)
- 10g soku z cytryny
- 1 g żelatyny
- 105 g jajek (~2)
- 85 g cukru granulowanego
- 155 g masła (temperatura pokojowa)

NA KONFIT MALINOWY:
- 60 g cukru granulowanego
- 4g pektyny (prawie łyżeczka)
- 90g Soku Malinowego
- 30g Syropu glukozowego
- 20g soku z cytryny

NA CIASTO CHOUX:
- 85g Mleka
- 85 g wody
- 1 szczypta soli
- 85 g Niesolonego masła
- 85g Mąki chlebowej
- 148 g jajek
- 3 g cukru
- 1 ekstrakt waniliowy

DEKORACJA:
- 100g Pasta migdałowa (zawierająca 50% migdałów)
- Barwienie na żółto (w razie potrzeby)
- Barwienie pomarańczowe (w razie potrzeby)
- Złoty brokat spożywczy (opcjonalnie)
- 20 Świeżych malin

INSTRUKCJE:
DLA NEUTRALNEJ SZKLIWY:
a) Zmieszaj 30 g cukru z pektyną.
b) W rondelku podgrzej wodę, dodaj cukier i pektynę, cały czas mieszając.
c) Dodać pozostały cukier i glukozę, ciągle mieszając, i doprowadzić do wrzenia.
d) Odcedź mieszaninę i przechowuj w lodówce przez co najmniej 24 godziny przed użyciem.

NA KREM Z MARAKUCJI:
e) Marakuję przekrój na dwie części, wyciśnij miąższ, odcedź, aby uzyskać sok.
f) Pozostaw żelatynę w soku z marakui na 5 minut.
g) Połącz sok z marakui, sok z cytryny, cukier i jajka w misce ustawionej nad gotującą się wodą, ubijając, aż zgęstnieje.
h) Szybko schłodź śmietankę do temperatury 45°C, następnie dwukrotnie dodaj pokrojone w kostkę masło, miksując blenderem zanurzeniowym. Przechowywać w lodówce w torbie do wyciskania.

NA KONFIT MALINOWY:
i) Wymieszaj i odcedź świeże maliny, aby usunąć nasiona (całkowita waga po tym etapie powinna wynosić 90g).
j) Zagotować sok malinowy, wymieszać cukier z pektyną, dodać do malin i doprowadzić do wrzenia. Przechowywać w lodówce do momentu użycia.

NA CIASTO CHOUX:
k) W rondelku zagotuj mleko, wodę, sól i masło. Upewnij się, że masło jest całkowicie roztopione.
l) Zdjąć z ognia, dodać mąkę, wymieszać i ponownie postawić patelnię na ogniu, ubijać, aż ciasto będzie odchodzić od boków i pozostawiać cienką warstwę na dnie.
m) Ciasto przełożyć do miski, ostudzić i dodawać po jednym jajku, aż ciasto będzie lśniące, ale twarde. Wyciskaj paski o długości 11 cm na natłuszczoną lub wyłożoną pergaminem blachę piekarnika.

n) Rozgrzej piekarnik do 250°C, wyłącz go, zostaw blachę w środku na 12-16 minut. Włącz piekarnik na 160°C, piecz jeszcze 25-30 minut.

MONTAŻ ÉCLAIRÓW:

o) Na spodzie upieczonego eklera zrób trzy dziurki czubkiem noża.

p) Napełnij eklery niewielką ilością konfitury malinowej, a następnie wypełnij je całkowicie kremem z marakui.
q) Pastę migdałową połącz z barwnikiem do uzyskania ciepłego żółtego koloru, pokrój ją w kształt eklera.
r) Podgrzej 120 g neutralnej glazury, aż będzie płynna (nie więcej niż 40°C).
s) Posmaruj wierzch eklerów neutralną glazurą, nałóż na wierzch warstwę pasty migdałowej.
t) Do pozostałej glazury dodaj złoty brokat, posmaruj pastą migdałową, następnie dodaj pokrojone maliny i odrobinę pozostałej konfitury malinowej.

34. Eklery z truskawkami i kremem

SKŁADNIKI:
DLA ECLAIRÓW:
- 80 gramów (1/3 szklanki) wody
- 80 gramów (1/3 szklanki) pełnego mleka
- 72 gramy (5 łyżek stołowych) niesolonego masła
- 3 gramy (3/4 łyżeczki) drobnego cukru
- 2,5 grama (1/2 łyżeczki) soli
- 90 gramów (3/4 szklanki) białej mąki chlebowej
- 155 gramów (5 1/2 uncji) ubitych jaj (3 średnie jajka)

DO WYPEŁNIENIA:
- 300 mililitrów (1 1/4 szklanki) gęstej śmietany
- 1 łyżka drobnego cukru
- 1 łyżeczka wanilii
- Cukier puder, do posypania
- 8 do 10 truskawek pokrojonych w plasterki

INSTRUKCJE:
DLA ECLAIRÓW:
a) W rondlu ustawionym na średnim ogniu połącz wodę, mleko, masło, drobny cukier i sól. Doprowadzić mieszaninę do delikatnego wrzenia (około 1 minuty).
b) Gdy ciasto się zagotuje, dodaj mąkę i cały czas mieszaj, aż powstanie błyszcząca kula ciasta (około 2 minut).
c) Ciasto przełóż do dużej miski i pozostaw do ostygnięcia na 2 minuty.
d) Powoli dodawaj jedną czwartą ubitych jajek, mieszając drewnianą łyżką, aż masa stanie się jednorodna.
e) Kontynuuj powolne dodawanie jajka, aż ciasto osiągnie fazę opadania (spadnie z łyżki w ciągu 3 sekund). Uważaj, aby mieszanina nie była zbyt rzadka.
f) Przełożyć ciasto do rękawa cukierniczego wyposażonego w końcówkę typu francuska gwiazda. Wyciśnij dziesięć 5-calowych pasków ciasta na blachę wyłożoną matą silikonową lub pergaminem. Zamrażaj przez 20 minut.
g) Rozgrzej piekarnik do 205 stopni C/400 stopni F.
h) Tuż przed dodaniem eklerów na dno piekarnika wlej 2 łyżki wody, aby wytworzyć parę. Natychmiast włóż eklery do

piekarnika, obniż temperaturę do 160 stopni C/320 stopni F i piecz na złoty kolor (30 do 35 minut). Pozwól ostygnąć.

DO WYPEŁNIENIA:
i) Wymieszaj śmietanę, bardzo drobny cukier i wanilię, aż utworzą się bardzo miękkie szczyty.
j) Przełożyć mieszaninę do rękawa cukierniczego wyposażonego w końcówkę typu French Star lub inną ozdobną końcówkę.

MONTAŻ:
k) Ostudzone skorupki eklera przekrój wzdłuż na pół, tworząc górną i dolną skorupę.
l) Wierzch muszli delikatnie oprósz cukrem pudrem.
m) Na spód muszli ułożyć pokrojone truskawki, na wierzch wycisnąć bitą śmietanę, wykonując okrężne ruchy.
n) Na kremie ułóż górne muszle, następnie wyciśnij na wierzch bitą śmietanę małymi porcjami i udekoruj dodatkowymi świeżymi truskawkami.

35. Mieszane eklery jagodowe

SKŁADNIKI:
NA CIASTO CHOUX:
- 1 szklanka wody
- 1/2 szklanki niesolonego masła
- 1 Mąkę o wszechstronnym przeznaczeniu
- 1/2 łyżeczki soli
- 1 łyżka cukru
- 4 duże jajka

NA MIESZANY NADZIEŃ JAGODOWY:
- 1 szklanka truskawek, pokrojonych w kostkę
- 1/2 szklanki jagód
- 1/2 szklanki malin
- 1/4 szklanki jeżyn
- 1/4 szklanki granulowanego cukru
- 1 łyżka soku z cytryny
- 1 łyżka skrobi kukurydzianej wymieszanej z 2 łyżkami wody (do zagęszczenia)

NA KREM Z CIASTA WANILIOWEGO:
- 2 szklanki pełnego mleka
- 1/2 szklanki granulowanego cukru
- 1/4 szklanki skrobi kukurydzianej
- 4 duże żółtka
- 2 łyżeczki ekstraktu waniliowego

DO LAKIERU JAGODOWEGO :
- 1/2 szklanki mieszanego dżemu jagodowego (przecedzonego, aby usunąć nasiona)
- 2 łyżki wody

INSTRUKCJE:
CIASTO CHOUX:
a) Rozgrzej piekarnik do 220°C (425°F). Blachę do pieczenia wyłóż papierem pergaminowym.
b) W rondlu ustawionym na średnim ogniu wymieszaj wodę, masło, sól i cukier. Doprowadzić do wrzenia.
c) Zdjąć z ognia i szybko wymieszać z mąką, aż powstanie ciasto.
d) Postaw patelnię na małym ogniu i smaż ciasto, ciągle mieszając, przez 1-2 minuty, aby wyschło.
e) Ciasto przełożyć do dużej miski do miksowania. Pozwól mu ostygnąć przez kilka minut.
f) Dodawać po jednym jajku, dobrze ubijać po każdym dodaniu, aż ciasto będzie gładkie i błyszczące.
g) Ciasto przełożyć do rękawa cukierniczego z dużą okrągłą końcówką. Wyciśnij 4-calowe paski na przygotowaną blachę do pieczenia.
h) Piec przez 15 minut w temperaturze 425°F, następnie zmniejszyć temperaturę do 375°F (190°C) i piec przez dodatkowe 20 minut lub do złotego koloru. Pozostawić do całkowitego ostygnięcia.

MIESZANE NADZIENIE JAGODOWE:
i) W rondelku wymieszaj truskawki, jagody, maliny, jeżyny, cukier i sok z cytryny.
j) Gotuj na średnim ogniu, aż jagody puszczą sok i staną się miękkie.
k) Dodaj mieszaninę skrobi kukurydzianej i wody i gotuj, aż mieszanina zgęstnieje.
l) Zdjąć z ognia i pozostawić do ostygnięcia.

KREM DO CIASTA WANILIOWEGO:
m) W rondlu podgrzej mleko, aż zacznie parować, ale nie wrzeć.
n) W osobnej misce wymieszaj cukier, skrobię kukurydzianą i żółtka, aż dobrze się połączą.
o) Stopniowo wlewaj gorące mleko do masy jajecznej, cały czas ubijając.
p) Wlać mieszaninę do rondla i gotować na średnim ogniu, ciągle mieszając, aż zgęstnieje.

q) Zdjąć z ognia, wymieszać z ekstraktem waniliowym i pozostawić do ostygnięcia.

Jagodowa :
r) W małym rondlu podgrzej zmieszany dżem jagodowy z wodą, aż uzyskasz gładką glazurę.
s) Odcedź, aby usunąć wszelkie nasiona.

MONTAŻ:
t) Każdy schłodzony ekler przekrój poziomo na pół.
u) Na dolną połowę każdego eklera nałóż łyżką lub wyciśnij krem z ciasta waniliowego.
v) Na krem wyłożyć łyżką nadzienie jagodowe.
w) Na nadzieniu połóż górną połowę eklera.
x) Skrop lub posmaruj polewą jagodową wierzch każdego eklera.
y) Podawaj schłodzone i ciesz się wspaniałymi eklerami z mieszanymi jagodami!

36. Eklery bezowe malinowo-cytrynowe

SKŁADNIKI:
NA CIASTO CHOUX:
- 1 szklanka wody
- 1/2 szklanki niesolonego masła
- 1 Mąkę o wszechstronnym przeznaczeniu
- 1/2 łyżeczki soli
- 1 łyżka cukru
- 4 duże jajka

NA NADZIENIE MALINOWE:
- 1 szklanka świeżych malin
- 1/4 szklanki granulowanego cukru
- 1 łyżka soku z cytryny

NA LEMON CURD:
- 3 duże cytryny, skórka i sok
- 1 szklanka granulowanego cukru
- 4 duże jajka
- 1/2 szklanki niesolonego masła, pokrojonego w kostkę

NA polewę bezową:
- 4 białka jaj
- 1 szklanka granulowanego cukru
- 1 łyżeczka ekstraktu waniliowego

INSTRUKCJE:
CIASTO CHOUX:
a) Rozgrzej piekarnik do 220°C (425°F). Blachę do pieczenia wyłóż papierem pergaminowym.
b) W rondlu ustawionym na średnim ogniu wymieszaj wodę, masło, sól i cukier. Doprowadzić do wrzenia.
c) Zdjąć z ognia i szybko wymieszać z mąką, aż powstanie ciasto.
d) Postaw patelnię na małym ogniu i smaż ciasto, ciągle mieszając, przez 1-2 minuty, aby wyschło.
e) Ciasto przełożyć do dużej miski do miksowania. Pozwól mu ostygnąć przez kilka minut.
f) Dodawać po jednym jajku, dobrze ubijać po każdym dodaniu, aż ciasto będzie gładkie i błyszczące.
g) Ciasto przełożyć do rękawa cukierniczego z dużą okrągłą końcówką. Wyciśnij 4-calowe paski na przygotowaną blachę do pieczenia.

h) Piec przez 15 minut w temperaturze 425°F, następnie zmniejszyć temperaturę do 375°F (190°C) i piec przez dodatkowe 20 minut lub do złotego koloru. Pozostawić do całkowitego ostygnięcia.

NADZIENIE MALINOWE:
i) W rondelku wymieszaj maliny, cukier i sok z cytryny.
j) Gotuj na średnim ogniu, aż maliny się rozpadną, a masa zgęstnieje.
k) Zdjąć z ognia i pozostawić do ostygnięcia.

TWARD CYTRYNOWY:
l) W żaroodpornej misce wymieszaj skórkę z cytryny, sok z cytryny, cukier i jajka.
m) Umieść miskę nad garnkiem z gotującą się wodą tak, aby dno miski nie dotykało wody.
n) Ciągle ubijaj, aż mieszanina zgęstnieje.
o) Zdjąć z ognia i ubić z pokrojonym w kostkę masłem, aż będzie gładkie.
p) Odcedź twaróg, aby usunąć wszelkie pozostałości stałe. Zostaw do schlodzenia.

POlewa BEZOWA:
q) W czystej, suchej misce ubijaj białka, aż utworzą się miękkie szczyty.
r) Stopniowo dodawaj cukier, kontynuując ubijanie, aż powstanie sztywna piana.
s) Delikatnie wymieszaj z ekstraktem waniliowym.

MONTAŻ:
t) Każdy schłodzony ekler przekrój poziomo na pół.
u) Na dolną połowę każdego eklera nałóż łyżką lub wyciśnij lemon curd.
v) Na krem cytrynowy wyłóż nadzienie malinowe.
w) Na nadzieniu połóż górną połowę eklera.
x) Na wierzch każdego eklera nałóż bezę lub łyżkę.
y) Przy pomocy palnika kuchennego lekko przyrumienij bezę lub umieść eklery pod grillem na kilka sekund.
z) Podawaj schłodzone i ciesz się zachwycającym połączeniem malin, cytryny i bezy w każdym kęsie!

37.Eklery z malinami i mleczną czekoladą

SKŁADNIKI:
NA CIASTO CHOUX:
- 1 szklanka wody
- 1/2 szklanki niesolonego masła
- 1 Mąkę o wszechstronnym przeznaczeniu
- 1/2 łyżeczki soli
- 1 łyżka cukru
- 4 duże jajka

NA NADZIENIE MALINOWE:
- 1 szklanka świeżych malin
- 1/4 szklanki granulowanego cukru
- 1 łyżka soku z cytryny

NA GANACHE Z MLECZNEJ CZEKOLADY:
- 200 g mlecznej czekolady, drobno posiekanej
- 1 szklanka gęstej śmietanki

INSTRUKCJE:
CIASTO CHOUX:
a) Rozgrzej piekarnik do 220°C (425°F). Blachę do pieczenia wyłóż papierem pergaminowym.
b) W rondlu ustawionym na średnim ogniu wymieszaj wodę, masło, sól i cukier. Doprowadzić do wrzenia.
c) Zdjąć z ognia i szybko wymieszać z mąką, aż powstanie ciasto.
d) Postaw patelnię na małym ogniu i smaż ciasto, ciągle mieszając, przez 1-2 minuty, aby wyschło.
e) Ciasto przełożyć do dużej miski do miksowania. Pozwól mu ostygnąć przez kilka minut.
f) Dodawać po jednym jajku, dobrze ubijać po każdym dodaniu, aż ciasto będzie gładkie i błyszczące.
g) Ciasto przełożyć do rękawa cukierniczego z dużą okrągłą końcówką. Wyciśnij 4-calowe paski na przygotowaną blachę do pieczenia.
h) Piec przez 15 minut w temperaturze 425°F, następnie zmniejszyć temperaturę do 375°F (190°C) i piec przez dodatkowe 20 minut lub do złotego koloru. Pozostawić do całkowitego ostygnięcia.

NADZIENIE MALINOWE:
i) W rondelku wymieszaj maliny, cukier i sok z cytryny.
j) Gotuj na średnim ogniu, aż maliny się rozpadną, a masa zgęstnieje.
k) Zdjąć z ognia i pozostawić do ostygnięcia.

GANACHE Z MLECZNEJ CZEKOLADY:
l) Do żaroodpornej miski włóż drobno posiekaną mleczną czekoladę.
m) W rondlu podgrzej gęstą śmietanę, aż zacznie się gotować.
n) Gorącą śmietanką zalać czekoladę i odstawić na minutę.
o) Mieszaj, aż masa będzie gładka i błyszcząca. Niech lekko ostygnie.

MONTAŻ:
p) Każdy schłodzony ekler przekrój poziomo na pół.
q) Na dolną połowę każdego eklera nałóż łyżką lub wyciśnij nadzienie malinowe.
r) Na nadzieniu połóż górną połowę eklera.
s) Zanurz wierzch każdego eklera w ganache z mlecznej czekolady lub połóż ganache na wierzchu.
t) Pozwól ganache ostygnąć przez kilka minut.
u) Opcjonalnie: posyp wierzch dodatkowym ganache, aby uzyskać dekoracyjny akcent.
v) Podawaj i delektuj się wyśmienitym połączeniem słodkiej mlecznej czekolady i cierpkich malin w tych zachwycających eklerach!

38. Eklery malinowo-czekoladowe Red Velvet

SKŁADNIKI:
CIASTO CHOUX:
- 1 szklanka wody
- 1/2 szklanki niesolonego masła
- 1 Mąkę o wszechstronnym przeznaczeniu
- 1 łyżka kakao w proszku
- 1/4 łyżeczki soli
- 4 duże jajka

KREM DO CIASTA CZEKOLADOWEGO RED VELVET:
- 500 ml mleka
- 120 g cukru
- 50 g mąki zwykłej
- 60 g proszku kakaowego
- 120 g żółtek (około 6 jajek)
- czerwony barwnik do jedzenia

GANACHE CZEKOLADOWE MALINY:
- 200 ml gęstej śmietanki
- 200 g gorzkiej czekolady
- Ekstrakt lub puree z malin

INSTRUKCJE:
CIASTO CHOUX:
a) Rozgrzej piekarnik do 200°C (z termoobiegiem 180°C) i wyłóż blachę do pieczenia papierem pergaminowym.
b) W rondlu wymieszaj wodę, masło, kakao i sól. Doprowadzić do wrzenia na średnim ogniu.
c) Dodajemy mąkę na raz, energicznie mieszając, aż powstanie gładkie ciasto. Kontynuuj gotowanie, mieszając, przez dodatkowe 1-2 minuty.
d) Ciasto przełożyć do miski miksującej i pozostawić do lekkiego przestygnięcia.
e) Dodawać po jednym jajku, dobrze ubijać po każdym dodaniu, aż ciasto będzie gładkie i błyszczące.
f) Ciasto choux przełożyć do rękawa cukierniczego i wyciskać kształty eklerów na przygotowanej blasze.
g) Piec na złoty kolor i napuszenie. Pozwól ostygnąć.

KREM DO CIASTA CZEKOLADOWEGO RED VELVET:
h) W rondelku podgrzej mleko, aż będzie ciepłe, ale nie wrzące.
i) W misce wymieszaj cukier, mąkę i kakao.
j) Stopniowo dodawaj suche składniki do ciepłego mleka, cały czas mieszając, aby uniknąć grudek.
k) W osobnej misce ubij żółtka. Stopniowo dodawaj po łyżce gorącej mieszanki mlecznej do żółtek, cały czas ubijając.
l) Wlej mieszaninę żółtek z powrotem do rondla i kontynuuj gotowanie, aż krem z ciasta zgęstnieje.
m) Zdjąć z ognia, dodać czerwony barwnik spożywczy, aż do uzyskania pożądanego koloru, i pozostawić do ostygnięcia.

GANACHE CZEKOLADOWE MALINY:
n) Podgrzej gęstą śmietanę w rondlu, aż zacznie się gotować.
o) Gorącą śmietanką zalej gorzką czekoladę. Odstaw na minutę, a następnie wymieszaj, aż masa będzie gładka.
p) Dodaj ekstrakt lub puree z malin do czekoladowego ganache, aby nadać mu malinowy smak.

MONTAŻ:
q) Ostudzone eklery przekrój poziomo na pół.
r) Napełnij rękaw do wyciskania kremem czekoladowo-czekoladowym z czerwonego aksamitu i wyciśnij go na dolną połowę każdego eklera.
s) Zanurz wierzch każdego eklera w czekoladowo-malinowym ganache, pozwalając, aby nadmiar spłynął.
t) Połóż eklery w czekoladzie na drucianej kratce, aby ganache stwardniał.
u) Opcjonalnie możesz posypać wierzch dodatkowym ganache, aby uzyskać dodatkową dekadencję.

39.Eklery z kremem bananowym

SKŁADNIKI:
DLA MUSZLI:
- 1/2 szklanki (115 g) niesolonego masła
- 1 łyżka cukru
- 1/4 łyżeczki soli
- 1 szklanka (125 g) mąki uniwersalnej
- 4 duże jajka w temperaturze pokojowej

DO WYPEŁNIENIA:
- 2 szklanki (480 ml) pełnego mleka (2% też się sprawdzi)
- 1/3 szklanki (65 g) cukru
- 3 żółtka
- 3 ½ łyżki skrobi kukurydzianej
- 1 łyżka czystego ekstraktu waniliowego
- 1 łyżka pasty z ziaren wanilii
- 1/4 łyżeczki soli koszernej
- 1/2 szklanki ciężkiej śmietany do ubijania
- 2 banany

DLA CZEKOLADOWEGO GANACHE:
- 1/2 szklanki (120 ml) gęstej śmietany do ubijania
- 1 szklanka (175 g) półsłodkich kawałków czekolady
- 1 łyżka niesolonego masła, miękkiego (opcjonalnie)

INSTRUKCJE:
a) Rozgrzej piekarnik do 375°F (190°C).

PRZYGOTOWAĆ SKOMPLETY Z CIASTA:
b) W rondlu zagotuj wodę, masło, cukier i sól. Dodajemy mąkę, mieszamy aż powstanie kula ciasta. Mieszaj przez 3-4 minuty, aż utworzy się jasna skórka.

c) Ciasto przełożyć do miski miksującej, ostudzić do temperatury pokojowej. Dodawaj jajka, jedno po drugim, dobrze ubijając po każdym dodaniu. Ciasto powinno być gładkie i przypominać wstążkę.

d) Rozwałkuj ciasto na 4-calowe paski i piecz przez 30-35 minut, aż ciasto będzie puszyste i złocistobrązowe. Po ostygnięciu eklery przekrój poziomo na pół.

ZROBIĆ PUDDING:
e) W rondelku zagotuj mleko. W misce wymieszaj żółtka, cukier, skrobię kukurydzianą, ekstrakt waniliowy, pastę waniliową i sól. Powoli dodawaj zagotowane mleko, aby zahartować masę jajeczną.
f) Gotuj na średnim ogniu, ciągle mieszając, aż zgęstnieje. Przetrzeć przez sito i ostudzić.
g) Ubijaj gęstą śmietanę, aż utworzą się sztywne szczyty. Połóż na schłodzonym budyniu.

MONTAŻ ECLAIRÓW:
h) Na dolną połowę skorupek eklera ułóż plasterki banana.
i) Wyciśnij nadzienie i załóż górną część muszli.
j) Doprowadzić ciężką śmietankę do wrzenia. Wlać kawałki czekolady, odstawić na 2 minuty, następnie wymieszać na gładką masę. Wymieszaj masło, aby uzyskać połysk.
k) Polać eklery czekoladowym ganache i podawać.
l) Złożone eklery można przechowywać w lodówce do 2 dni.
m) Zanurz się w dekadencji tych eklerów z kremem bananowym i ciesz się rozkoszą!

40. Eklery z kremem truskawkowym

SKŁADNIKI:
NA CIASTO CHOUX:
- 1 szklanka wody
- 1/2 szklanki niesolonego masła
- 1 Mąkę o wszechstronnym przeznaczeniu
- 4 duże jajka

DO WYPEŁNIENIA:
- 2 szklanki bitej śmietany
- 1 szklanka świeżych truskawek, pokrojonych w kostkę

DO SZKLIWIENIA:
- 1/2 szklanki białej czekolady, posiekanej
- 1/4 szklanki niesolonego masła
- 1 szklanka cukru pudru
- 1/4 szklanki gorącej wody

INSTRUKCJE:
CIASTO CHOUX:
a) Rozgrzej piekarnik do 190°C i wyłóż blachę do pieczenia papierem pergaminowym.
b) W rondlu połącz wodę i masło. Podgrzewaj na średnim ogniu, aż masło się roztopi i mieszanina zagotuje.
c) Zdejmij z ognia, dodaj mąkę i energicznie mieszaj, aż mieszanina utworzy kulę.
d) Pozostaw ciasto do ostygnięcia na kilka minut, następnie dodawaj po jednym jajku, dobrze ubijając po każdym dodaniu.
e) Ciasto przełożyć do rękawa cukierniczego i wycisnąć eklery na przygotowaną blachę do pieczenia.
f) Piec przez około 30 minut lub do złotego koloru. Pozwól ostygnąć.

POŻYWNY:
g) Ubijaj śmietanę, aż powstanie sztywna piana.
h) Delikatnie wmieszać pokrojone w kostkę truskawki.
i) Gdy eklery ostygną, napełnij je masą truskawkową.

GLAZURA:
j) W żaroodpornej misce rozpuść białą czekoladę z masłem na podwójnym bojlerze.

k) Zdejmij z ognia, dodaj cukier puder i stopniowo dodawaj gorącą wodę, aż masa będzie gładka.
l) Zanurz wierzch każdego eklera w polewie z białej czekolady, pozwalając, aby nadmiar spłynął.
m) Podawaj schłodzone i rozkoszuj się orzeźwiającymi eklerami z kremem truskawkowym!

41. Eklery z mango i marakui

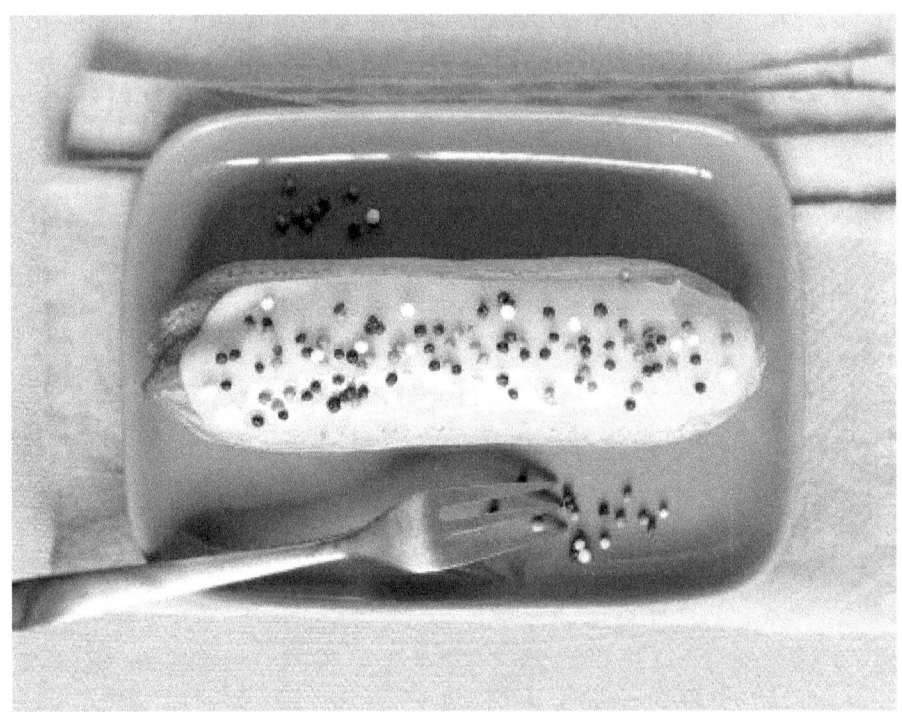

SKŁADNIKI:
NA CIASTO CHOUX:
- 1 szklanka wody
- 1/2 szklanki niesolonego masła
- 1 Mąkę o wszechstronnym przeznaczeniu
- 4 duże jajka

DO WYPEŁNIENIA:
- 2 szklanki musu z mango i marakui

DO SZKLIWIENIA:
- 1/2 szklanki białej czekolady, posiekanej
- 1/4 szklanki niesolonego masła
- 1 szklanka cukru pudru
- 1/4 szklanki gorącej wody

INSTRUKCJE:
CIASTO CHOUX:
a) Rozgrzej piekarnik do 190°C i wyłóż blachę do pieczenia papierem pergaminowym.
b) W rondlu połącz wodę i masło. Podgrzewaj na średnim ogniu, aż masło się roztopi i mieszanina zagotuje.
c) Zdejmij z ognia, dodaj mąkę i energicznie mieszaj, aż mieszanina utworzy kulę.
d) Pozostaw ciasto do ostygnięcia na kilka minut, następnie dodawaj po jednym jajku, dobrze ubijając po każdym dodaniu.
e) Ciasto przełożyć do rękawa cukierniczego i wycisnąć eklery na przygotowaną blachę.
f) Piec przez około 30 minut lub do złotego koloru. Pozwól ostygnąć.

POŻYWNY:
g) Przygotuj mus z marakui z mango, mieszając dojrzałe mango, miąższ marakui i bitą śmietanę na gładką masę.
h) Gdy ciasto parzone ostygnie, napełnij eklery wstrzykując lub rozprowadzając w środku mus z marakui z mango.

GLAZURA:
i) W żaroodpornej misce rozpuść białą czekoladę z masłem na podwójnym bojlerze.

j) Zdejmij z ognia, dodaj cukier puder i stopniowo dodawaj gorącą wodę, aż masa będzie gładka.
k) Zanurz wierzch każdego eklera w polewie z białej czekolady, pozwalając, aby nadmiar spłynął.
l) Podawaj schłodzone i delektuj się tropikalnymi smakami eklerów z marakui i mango!

42. Eklery Cytrynowo-Jagodowe

SKŁADNIKI:
NA CIASTO CHOUX:
- 1 szklanka wody
- 1/2 szklanki niesolonego masła
- 1 Mąkę o wszechstronnym przeznaczeniu
- 4 duże jajka

DO WYPEŁNIENIA:
- 2 szklanki kremu cukierniczego o smaku cytrynowym
- 1 szklanka świeżych jagód

DO SZKLIWIENIA:
- 1/2 szklanki białej czekolady, posiekanej
- 1/4 szklanki niesolonego masła
- 1 szklanka cukru pudru
- 1/4 szklanki gorącej wody

INSTRUKCJE:
CIASTO CHOUX:
a) Rozgrzej piekarnik do 190°C i wyłóż blachę do pieczenia papierem pergaminowym.
b) W rondlu połącz wodę i masło. Podgrzewaj na średnim ogniu, aż masło się roztopi i mieszanina zagotuje.
c) Zdejmij z ognia, dodaj mąkę i energicznie mieszaj, aż mieszanina utworzy kulę.
d) Pozostaw ciasto do ostygnięcia na kilka minut, następnie dodawaj po jednym jajku, dobrze ubijając po każdym dodaniu.
e) Ciasto przełożyć do rękawa cukierniczego i wycisnąć eklery na przygotowaną blachę.
f) Piec przez około 30 minut lub do złotego koloru. Pozwól ostygnąć.

POŻYWNY:
g) Napełnij eklery kremem cukierniczym o smaku cytrynowym.
h) Na kremie rozłóż świeże jagody.

GLAZURA:
i) W żaroodpornej misce rozpuść białą czekoladę z masłem na podwójnym bojlerze.
j) Zdejmij z ognia, dodaj cukier puder i stopniowo dodawaj gorącą wodę, aż masa będzie gładka.
k) Zanurz wierzch każdego eklera w polewie z białej czekolady, pozwalając, aby nadmiar spłynął.
l) Podawaj schłodzone i ciesz się pikantnym i owocowym smakiem eklerów cytrynowo-jagodowych!

43.Eklery Malinowo-Migdałowe

SKŁADNIKI:
NA CIASTO CHOUX:
- 1 szklanka wody
- 1/2 szklanki niesolonego masła
- 1 Mąkę o wszechstronnym przeznaczeniu
- 4 duże jajka

DO WYPEŁNIENIA:
- 2 szklanki kremu cukierniczego o smaku migdałowym
- 1 szklanka świeżych malin

DO SZKLIWIENIA:
- 1/2 szklanki białej czekolady, posiekanej
- 1/4 szklanki niesolonego masła
- 1 szklanka cukru pudru
- 1/4 szklanki gorącej wody

INSTRUKCJE:
CIASTO CHOUX:
a) Rozgrzej piekarnik do 190°C i wyłóż blachę do pieczenia papierem pergaminowym.
b) W rondlu połącz wodę i masło. Podgrzewaj na średnim ogniu, aż masło się roztopi i mieszanina zagotuje.
c) Zdejmij z ognia, dodaj mąkę i energicznie mieszaj, aż mieszanina utworzy kulę.
d) Pozostaw ciasto do ostygnięcia na kilka minut, następnie dodawaj po jednym jajku, dobrze ubijając po każdym dodaniu.
e) Ciasto przełożyć do rękawa cukierniczego i wycisnąć eklery na przygotowaną blachę.
f) Piec przez około 30 minut lub do złotego koloru. Pozwól ostygnąć.

POŻYWNY:
g) Napełnij eklery kremem cukierniczym o smaku migdałowym.
h) Na kremie ułóż świeże maliny.

GLAZURA:
i) W żaroodpornej misce rozpuść białą czekoladę z masłem na podwójnym bojlerze.
j) Zdejmij z ognia, dodaj cukier puder i stopniowo dodawaj gorącą wodę, aż masa będzie gładka.
k) Zanurz wierzch każdego eklera w polewie z białej czekolady, pozwalając, aby nadmiar spłynął.
l) Podawaj schłodzone i rozkoszuj się zachwycającym połączeniem migdałów i malin w tych eklerach!

44. Eklery ananasowo-kokosowe

SKŁADNIKI:
NA CIASTO CHOUX:
- 1 szklanka wody
- 1/2 szklanki niesolonego masła
- 1 Mąkę o wszechstronnym przeznaczeniu
- 4 duże jajka

DO WYPEŁNIENIA:
- 2 szklanki kremu kokosowego
- 1 szklanka świeżego ananasa, pokrojonego w kostkę

DO SZKLIWIENIA:
- 1/2 szklanki białej czekolady, posiekanej
- 1/4 szklanki niesolonego masła
- 1 szklanka cukru pudru
- 1/4 szklanki gorącej wody

INSTRUKCJE:
CIASTO CHOUX:
a) Rozgrzej piekarnik do 190°C i wyłóż blachę do pieczenia papierem pergaminowym.
b) W rondlu połącz wodę i masło. Podgrzewaj na średnim ogniu, aż masło się roztopi i mieszanina zagotuje.
c) Zdejmij z ognia, dodaj mąkę i energicznie mieszaj, aż mieszanina utworzy kulę.
d) Pozostaw ciasto do ostygnięcia na kilka minut, następnie dodawaj po jednym jajku, dobrze ubijając po każdym dodaniu.
e) Ciasto przełożyć do rękawa cukierniczego i wycisnąć eklery na przygotowaną blachę.
f) Piec przez około 30 minut lub do złotego koloru. Pozwól ostygnąć.

POŻYWNY:
g) Napełnij eklery kremem kokosowym.
h) Na krem połóż pokrojony w kostkę świeży ananas.

GLAZURA:
i) W żaroodpornej misce rozpuść białą czekoladę z masłem na podwójnym bojlerze.
j) Zdejmij z ognia, dodaj cukier puder i stopniowo dodawaj gorącą wodę, aż masa będzie gładka.
k) Zanurz wierzch każdego eklera w polewie z białej czekolady, pozwalając, aby nadmiar spłynął.
l) Podawaj schłodzone i delektuj się tropikalną dobrocią ananasowo-kokosowych eklerów!

45. Mieszanka eklerów z jagodami i skórką cytrynową

SKŁADNIKI:
NA CIASTO CHOUX:
- 1 szklanka wody
- 1/2 szklanki niesolonego masła
- 1 Mąkę o wszechstronnym przeznaczeniu
- 4 duże jajka

DO WYPEŁNIENIA:
- 2 szklanki kompotu z mieszanych jagód (truskawki, jagody, maliny)
- Skórka z cytryny do dekoracji

DO SZKLIWIENIA:
- 1/2 szklanki białej czekolady, posiekanej
- 1/4 szklanki niesolonego masła
- 1 szklanka cukru pudru
- 1/4 szklanki gorącej wody

INSTRUKCJE:
CIASTO CHOUX:
a) Rozgrzej piekarnik do 190°C i wyłóż blachę do pieczenia papierem pergaminowym.
b) W rondlu połącz wodę i masło. Podgrzewaj na średnim ogniu, aż masło się roztopi i mieszanina zagotuje.
c) Zdejmij z ognia, dodaj mąkę i energicznie mieszaj, aż mieszanina utworzy kulę.
d) Pozostaw ciasto do ostygnięcia na kilka minut, następnie dodawaj po jednym jajku, dobrze ubijając po każdym dodaniu.
e) Ciasto przełożyć do rękawa cukierniczego i wycisnąć eklery na przygotowaną blachę.
f) Piec przez około 30 minut lub do złotego koloru. Pozwól ostygnąć.

POŻYWNY:
g) Napełnij eklery kompotem z mieszanych jagód, łącząc truskawki, jagody i maliny.
h) Udekoruj skórką z cytryny, aby uzyskać pikantny akcent.

GLAZURA:
i) W żaroodpornej misce rozpuść białą czekoladę z masłem na podwójnym bojlerze.

j) Zdejmij z ognia, dodaj cukier puder i stopniowo dodawaj gorącą wodę, aż masa będzie gładka.
k) Zanurz wierzch każdego eklera w polewie z białej czekolady, pozwalając, aby nadmiar spłynął.
l) Podawaj schłodzone i ciesz się eksplozją jagodowych smaków w tych eklerach z mieszanką jagód i skórki cytryny!

46. Eklery brzoskwiniowo-imbirowe

SKŁADNIKI:
NA CIASTO CHOUX:
- 1 szklanka wody
- 1/2 szklanki niesolonego masła
- 1 Mąkę o wszechstronnym przeznaczeniu
- 4 duże jajka

DO WYPEŁNIENIA:
- 2 szklanki kremu cukierniczego o smaku brzoskwiniowym
- 1 szklanka świeżych brzoskwiń, pokrojonych w kostkę
- 1 łyżeczka świeżego imbiru, startego

DO SZKLIWIENIA:
- 1/2 szklanki białej czekolady, posiekanej
- 1/4 szklanki niesolonego masła
- 1 szklanka cukru pudru
- 1/4 szklanki gorącej wody

INSTRUKCJE:
CIASTO CHOUX:
a) Rozgrzej piekarnik do 190°C i wyłóż blachę do pieczenia papierem pergaminowym.
b) W rondlu połącz wodę i masło. Podgrzewaj na średnim ogniu, aż masło się roztopi i mieszanina zagotuje.
c) Zdejmij z ognia, dodaj mąkę i energicznie mieszaj, aż mieszanina utworzy kulę.
d) Pozostaw ciasto do ostygnięcia na kilka minut, następnie dodawaj po jednym jajku, dobrze ubijając po każdym dodaniu.
e) Ciasto przełożyć do rękawa cukierniczego i wycisnąć eklery na przygotowaną blachę.
f) Piec przez około 30 minut lub do złotego koloru. Pozwól ostygnąć.

POŻYWNY:
g) Napełnij eklery kremem cukierniczym o smaku brzoskwiniowym.
h) Wymieszaj pokrojone w kostkę świeże brzoskwinie i starty imbir i połóż je na kremie.

GLAZURA:

i) W żaroodpornej misce rozpuść białą czekoladę z masłem na podwójnym bojlerze.
j) Zdejmij z ognia, dodaj cukier puder i stopniowo dodawaj gorącą wodę, aż masa będzie gładka.
k) Zanurz wierzch każdego eklera w polewie z białej czekolady, pozwalając, aby nadmiar spłynął.
l) Podawaj schłodzone i ciesz się wyjątkowym połączeniem brzoskwini i imbiru w tych eklerach!

47. Jeżynowo-cytrynowe eklery

SKŁADNIKI:
NA CIASTO CHOUX:
- 1 szklanka wody
- 1/2 szklanki niesolonego masła
- 1 Mąkę o wszechstronnym przeznaczeniu
- 4 duże jajka

DO WYPEŁNIENIA:
- 2 szklanki kremu cukierniczego o smaku cytrynowym
- 1 szklanka świeżych jeżyn

DO SZKLIWIENIA:
- 1/2 szklanki białej czekolady, posiekanej
- 1/4 szklanki niesolonego masła
- 1 szklanka cukru pudru
- 1/4 szklanki gorącej wody

INSTRUKCJE:
CIASTO CHOUX:
a) Rozgrzej piekarnik do 190°C i wyłóż blachę do pieczenia papierem pergaminowym.
b) W rondlu połącz wodę i masło. Podgrzewaj na średnim ogniu, aż masło się roztopi i mieszanina zagotuje.
c) Zdejmij z ognia, dodaj mąkę i energicznie mieszaj, aż mieszanina utworzy kulę.
d) Pozostaw ciasto do ostygnięcia na kilka minut, następnie dodawaj po jednym jajku, dobrze ubijając po każdym dodaniu.
e) Ciasto przełożyć do rękawa cukierniczego i wycisnąć eklery na przygotowaną blachę.
f) Piec przez około 30 minut lub do złotego koloru. Pozwól ostygnąć.

POŻYWNY:
g) Napełnij eklery kremem cukierniczym o smaku cytrynowym.
h) Na wierzch kremu posypujemy świeżymi jeżynami.

GLAZURA:
i) W żaroodpornej misce rozpuść białą czekoladę z masłem na podwójnym bojlerze.
j) Zdejmij z ognia, dodaj cukier puder i stopniowo dodawaj gorącą wodę, aż masa będzie gładka.
k) Zanurz wierzch każdego eklera w polewie z białej czekolady, pozwalając, aby nadmiar spłynął.
l) Podawaj schłodzone i ciesz się orzeźwiającym smakiem eklerów Blackberry Lemon!

48. Eklery kokosowe z kiwi

SKŁADNIKI:
NA CIASTO CHOUX:
- 1 szklanka wody
- 1/2 szklanki niesolonego masła
- 1 Mąkę o wszechstronnym przeznaczeniu
- 4 duże jajka

DO WYPEŁNIENIA:
- 2 szklanki kremu kokosowego
- 1 szklanka świeżego kiwi, pokrojonego w plasterki

DO SZKLIWIENIA:
- 1/2 szklanki białej czekolady, posiekanej
- 1/4 szklanki niesolonego masła
- 1 szklanka cukru pudru
- 1/4 szklanki gorącej wody

INSTRUKCJE:
CIASTO CHOUX:
a) Rozgrzej piekarnik do 190°C i wyłóż blachę do pieczenia papierem pergaminowym.
b) W rondlu połącz wodę i masło. Podgrzewaj na średnim ogniu, aż masło się roztopi i mieszanina zagotuje.
c) Zdejmij z ognia, dodaj mąkę i energicznie mieszaj, aż mieszanina utworzy kulę.
d) Pozostaw ciasto do ostygnięcia na kilka minut, następnie dodawaj po jednym jajku, dobrze ubijając po każdym dodaniu.
e) Ciasto przełożyć do rękawa cukierniczego i wycisnąć eklery na przygotowaną blachę.
f) Piec przez około 30 minut lub do złotego koloru. Pozwól ostygnąć.

POŻYWNY:
g) Napełnij eklery kremem kokosowym.
h) Na kremie ułóż plasterki świeżego kiwi.

GLAZURA:
i) W żaroodpornej misce rozpuść białą czekoladę z masłem na podwójnym bojlerze.
j) Zdejmij z ognia, dodaj cukier puder i stopniowo dodawaj gorącą wodę, aż masa będzie gładka.
k) Zanurz wierzch każdego eklera w polewie z białej czekolady, pozwalając, aby nadmiar spłynął.
l) Podawaj schłodzone i ciesz się tropikalnym smakiem eklerów kokosowych z kiwi!

ORZECHOWE EKLARY

49. Czekoladowe Makaroniki Migdałowe Eklery

SKŁADNIKI:
CIASTO ECLAIROWE:
- 3 duże jajka w temperaturze pokojowej
- 1/2 szklanki wody
- 4 1/2 łyżki niesolonego masła, pokrojonego w 1/2-calową kostkę
- 1 1/2 łyżki granulowanego cukru
- 3/4 szklanki przesianej mąki uniwersalnej
- 3 łyżki przesianego, niesłodzonego, alkalizowanego proszku kakaowego

Nadzienie migdałowo-makaronikowe:
- 2 szklanki wiórków kokosowych
- 1/2 szklanki słodzonego skondensowanego mleka
- 1/2 szklanki prażonych, posiekanych migdałów

POLEWĄ CZEKOLADOWĄ:
- 10 uncji półsłodkiej czekolady, drobno posiekanej
- 8 uncji ciężkiej śmietany
- 1 łyżka jasnego syropu kukurydzianego

INSTRUKCJE:
ZROBIĆ ECLAIRY:

a) Rozgrzej piekarnik do 425 stopni F. Wyłóż dwie blachy do pieczenia papierem pergaminowym.
b) W szklanej miarce wymieszaj jajka, aż się połączą. Zarezerwuj 2 łyżki ubitych jajek w małej filiżance.
c) W rondelku wymieszaj wodę, masło i cukier. Podgrzewaj, aż masło się roztopi. Doprowadzić do wrzenia, następnie zdjąć z ognia.
d) Wymieszaj mąkę i kakao, aż masa będzie gładka. Wróć do ognia, ciągle mieszając, aż uformuje się gładka kula.
e) Przełożyć pastę do miski. Wlać zarezerwowaną 1/2 szklanki ubitych jajek na pastę i ubijać, aż powstanie gładkie, miękkie ciasto.
f) Napełnij rękaw cukierniczy z gładką końcówką o średnicy 5/16 cala ciastem eclair. Wyciskaj paski na przygotowane blachy do pieczenia.
g) Wierzch eklerów posmaruj pozostałym ubitym jajkiem.
h) Piecz przez 10 minut, następnie obniż temperaturę do 375 stopni F i kontynuuj pieczenie przez 20 do 25 minut, aż będą chrupiące i błyszczące. Całkowicie ostudzić.

PRZYGOTUJ NADZIENIE MIGDAŁOWO-MAKARONIKOWE:
i) W misce wymieszaj kokos, słodzone mleko skondensowane i migdały.
j) Mieszaj, aż dobrze się połączą.

PRZYGOTOWAĆ LAKIERĘ CZEKOLADOWĄ:
k) Umieść czekoladę w średniej misce.
l) W rondlu podgrzej śmietanę i syrop kukurydziany, aż lekko się zagotują. Wlać czekoladę i odstawić na 30 sekund.
m) Ubijaj, aż będzie gładka.

MONTAŻ I POKRYCIE ECLAIRÓW:
n) Eklery przekrój na pół i usuń wilgotne ciasto.
o) Do każdego eklera nakładamy około 3 łyżek nadzienia migdałowo-makaronowego.
p) Wymień górę każdego eklera.
q) Zanurz trzy całe migdały w polewie czekoladowej i połóż je na wierzchu każdego eklera.
r) Odstaw na 2 minuty, następnie delikatnie polej eklery glazurą, pokrywając górę i boki.
s) Schłodź, aż będzie gotowy do podania.
t) Ciesz się tymi wspaniałymi czekoladowo-migdałowymi eklerami z makaronikiem!

50. Eklery pistacjowo-cytrynowe

SKŁADNIKI:
DO KANDYZOWANYCH CYTRYN (OPCJONALNIE):
- 10 sunquatów (mini cytryn)
- 2 szklanki wody
- 2 szklanki cukru

NA PASTĘ PISTACJOWĄ:
- 60 g pistacji niełuskanych (nieprażonych)
- 10 g oleju z pestek winogron

NA KREM PISTACJOWO-CYTRYNOWY Z MOUSSELINE:
- 500 g mleka
- Skórka z 2 cytryn
- 120 g żółtka
- 120 g cukru
- 40 g skrobi kukurydzianej
- 30 g pasty pistacjowej (lub 45 g, jeśli kupiona w sklepie)
- 120 g miękkiego masła (pokrojonego w kostkę)

NA MARCEPAN PISTACJOWY:
- 200 g marcepanu
- 15 g pasty pistacjowej
- Zielony barwnik spożywczy (żel)
- Trochę cukru pudru

NA CIASTO CHUX:
- 125 g masła
- 125 g mleka
- 125 g wody
- 5 g cukru
- 5 gramów soli
- 140 g mąki
- 220 gramów jaj

DO SZKLIWIENIA:
- 200 g nappage neutre (neutralna galaretka)
- 100 gramów wody
- Zielony barwnik spożywczy (żel)

DO DEKORACJI:
- Zmielone pistacje

INSTRUKCJE:

KANDYZOWANE CYTRYNY (OPCJONALNIE):
a) Przygotuj łaźnię lodową (garnek z wodą i lodem) i odstaw ją na bok.
b) Za pomocą ostrego noża pokrój cienkie plasterki cytryny. Wyrzuć nasiona.
c) W innym rondlu zagotuj wodę. Zdejmij z ognia i natychmiast dodaj plasterki cytryny do gorącej wody. Mieszać, aż plastry zmiękną (około minuty).
d) Gorącą wodę przelej przez sitko, następnie włóż na sekundę plasterki cytryny do łaźni lodowej. Za pomocą sitka wylej lodowatą wodę.
e) W dużym garnku na dużym ogniu wymieszaj wodę i cukier. Mieszaj, aż cukier się rozpuści, a następnie zagotuj.
f) Zmniejsz ogień do średniego i użyj szczypiec, aby umieścić plasterki cytryny w wodzie, aby unosiły się na wodzie. Gotuj na małym ogniu, aż skórka stanie się przezroczysta, około 1,5 godziny.
g) Wyjmij cytryny za pomocą szczypiec i umieść je na stojaku do studzenia. Umieść kawałek papieru do pieczenia pod kratką do studzenia, aby zebrać syrop, który kapie z plasterków cytryny.

PASTA PISTACJOWA:
h) Rozgrzej piekarnik do 160°C (320°F).
i) Piecz pistacje na blasze do pieczenia przez około 7 minut, aż lekko się zarumienią. Pozwól im ostygnąć.
j) Schłodzone pistacje zmiel na proszek w małym robocie kuchennym. Dodaj olej i ponownie zmiel, aż uzyskasz konsystencję pasty. Przechowywać w lodówce do czasu użycia.
k) Krem pistacjowo-cytrynowy z musem:
l) Doprowadzić mleko do wrzenia. Wyłącz ogień, dodaj skórkę z cytryny, przykryj i odstaw na 10 minut.
m) W misce wymieszaj żółtka i cukier. Natychmiast wymieszaj, następnie dodaj skrobię kukurydzianą i ponownie wymieszaj.
n) Podczas ubijania dodawaj ciepłe mleko. Przelej mieszaninę przez sito do czystego rondla, odrzucając pozostałą na sicie skórkę z cytryny.
o) Podgrzewaj na średnim ogniu i mieszaj, aż mieszanina zgęstnieje i stanie się kremowa. Zdjąć z ognia.

p) Krem przełożyć do miski z pastą pistacjową. Ubijaj, aż masa będzie jednolita. Przykryj folią spożywczą, aby zapobiec tworzeniu się skorupy i przechowuj w lodówce.
q) Gdy śmietanka osiągnie 40°C (104°F), stopniowo dodawaj miękkie masło i dobrze wymieszaj. Przykryj plastikową folią i przechowuj w lodówce.

CIASTO CHOUX:
r) Przesiej mąkę i odłóż ją na bok.
s) W rondelku dodaj masło, mleko, wodę, cukier i sól. Podgrzewaj na średnim ogniu, aż masło się roztopi i mieszanina zagotuje.
t) Zdjąć z ognia, natychmiast dodać całą mąkę i dobrze wymieszać, aż powstanie jednolita mieszanina przypominająca puree ziemniaczane. To jest mieszanka panade.
u) Suszyć panade przez około minutę na małym ogniu, mieszając szpatułką, aż zacznie odsuwać się od ścianek rondla i zastygnąć.
v) Przełóż panade do miski miksującej i lekko ostudź. W osobnej misce ubij jajka i stopniowo dodawaj je do miksera, czekając, aż każdy dodatek się połączy, zanim dodasz kolejne.
w) Mieszaj na niskiej-średniej prędkości, aż ciasto będzie gładkie, błyszczące i stabilne.
x) Rozgrzej piekarnik do 250°C (480°F). Blachę do pieczenia wyłóż papierem pergaminowym lub cienką warstwą masła.
y) Wyciskaj paski ciasta o długości 12 cm na blachę. Nie otwieraj drzwi piekarnika podczas pieczenia.
z) Po 15 minutach uchyl lekko drzwiczki piekarnika (około 1 cm), aby wypuścić parę. Zamknij je i ustaw temperaturę na 170°C (340°F). Piec 20-25 minut, aż eklery się zarumienią.
aa) Powtórz z pozostałym ciastem.

MARCEPAN PISTACJOWY:
bb) Marcepan pokroić w kostkę i ubijać płaską trzepaczką, aż będzie miękki i jednolity. Dodaj pastę pistacjową i zielony barwnik spożywczy (w razie potrzeby) i mieszaj, aż masa będzie jednolita.
cc) Marcepan rozwałkować na grubość 2 mm i pokroić w paski pasujące do eklerów.

MONTAŻ:
dd) Wytnij dwa małe otwory na spodzie każdego eklera.

ee) Przez otwory napełnij każdy ekler kremem pistacjowo-cytrynowym.
ff) Posmaruj glazurą jedną stronę każdego paska marcepanu i nałóż na eklery.
gg) Zanurzaj każdy ekler w glazurze, pozwalając, aby nadmiar glazury spłynął.
hh) Udekorować kandyzowanymi plasterkami cytryny lub posiekanymi pistacjami.
ii) Przechowywać w lodówce do momentu podania.

51. Klonowe glazurowane eklery zwieńczone orzechami

SKŁADNIKI:
MUSZKI ECLAIR:
- 1/2 szklanki mleka
- 1/2 szklanki wody
- 2 łyżki białego granulowanego cukru
- 1/4 łyżeczki soli (zredukuj do szczypty, jeśli używasz solonego masła)
- 1/2 szklanki niesolonego masła
- 1/2 łyżeczki ekstraktu waniliowego
- 1 1/4 szklanki mąki uniwersalnej, wymieszanej łyżką i wypoziomowanej
- 4 duże jajka

GLAZURA:
- 2/3 szklanki cukru pudru/cukiernika
- 3 łyżki syropu klonowego

BYCZY:
- 1/2 szklanki posiekanych orzechów włoskich lub pekan
- Posypanie solą fleur de sel

BITTA ŚMIETANA MASKARPONE:
- 1 szklanka mascarpone
- 2/3 szklanki gęstej śmietany do ubijania
- 1/4 szklanki białego cukru
- 2 łyżki syropu klonowego

INSTRUKCJE:
DLA MUSZLI ECLAIR:

a) Rozgrzej piekarnik do 200°F z półkami w górnej i dolnej trzeciej części. Dwie blachy do pieczenia wyłóż papierem pergaminowym.

b) W średnim rondlu ustawionym na średnim ogniu połącz mleko, wodę, cukier, sól i masło. Doprowadź mieszaninę do wrzenia, dodaj wanilię i za jednym razem dodaj mąkę. Mieszaj, aż mieszanina zacznie odchodzić od ścianek garnka.

c) Zmniejsz ogień do małego i kontynuuj gotowanie, ciągle mieszając, przez około 3 minuty, aby usunąć wilgoć. Zdjąć z ognia i przenieść do miski miksującej lub miski miksera stojącego.

d) Mieszaj przez 2-3 minuty, aby ostudzić mieszaninę. Dodawaj jajka, jedno po drugim, dobrze ubijając po każdym dodaniu. Przenieść mieszaninę do worka cukierniczego i odstawić na 20 minut.
e) Wyciśnij ciasto na polana o długości około 5-6 cali i szerokości 1 cala, pozostawiając między nimi równą przestrzeń. Upewnij się, że nie są zbyt cienkie, ponieważ będą potrzebne do późniejszego krojenia.
f) Włóż do nagrzanego piekarnika i NATYCHMIAST ZMNIEJSZ TEMPERATUrę DO 350°F. Piec przez 35-40 minut, aż będą złociste, puszyste i chrupiące. Studzimy na stojaku.

DO SZKLIWIENIA:
g) Przed glazurowaniem przetnij eklery prawie na wskroś, zostawiając „zawias" po jednej stronie. W małej misce wymieszaj cukier puder z syropem klonowym, aż powstanie cienka lukier.
h) Posmaruj eklerem polewą i natychmiast posyp posiekanymi orzechami włoskimi i szczyptą soli, jeśli to konieczne. Pozostawić w temperaturze pokojowej, aż glazura stwardnieje.

DO WYPEŁNIENIA:
i) W dużej misce lub misce miksera wyposażonego w trzepaczkę wymieszaj mascarpone, śmietankę, cukier i syrop klonowy.
j) Ubijaj, aż mieszanina zgęstnieje do konsystencji rurki. Włóż do rękawa cukierniczego i napełnij każdy ekler. (Napełnianie można przygotować wcześniej, przykryć, schłodzić i podać rurą bliżej podania).
k) Nadziewane eklery można przechowywać w lodówce przez większą część dnia bez przykrycia.

52. Eclair malinowo-pistacyjny

SKŁADNIKI:
NA CIASTO PATE-A-CHOUX:
- 1 szklanka wody
- 1/2 szklanki niesolonego masła
- 1/4 łyżeczki soli
- 1 Mąkę o wszechstronnym przeznaczeniu
- 4 duże jajka

DO WYPEŁNIENIA:
- 1 szklanka pistacji łuskanych
- 1/2 szklanki kremu irlandzkiego (Bailey's)
- Zielony barwnik spożywczy
- 8 uncji serka śmietankowego, zmiękczonego
- 1/2 szklanki kawałków białej czekolady, roztopionych
- 1 szklanka gęstej śmietany, schłodzonej

DO SZKLIWIENIA:
- 1/2 szklanki liofilizowanych malin
- 1 szklanka kawałków białej czekolady
- 1/2 szklanki gęstej śmietanki
- 2 szklanki świeżych malin

INSTRUKCJE:
a) Rozgrzej piekarnik do 425 F i wyłóż blachę do pieczenia papierem pergaminowym.
b) Przygotuj rękaw cukierniczy z końcówką w kształcie gwiazdki.

PRZYGOTOWAĆ CIASTO PATE-A-CHOUX:
c) W rondlu zagotuj wodę, masło i sól.
d) Dodajemy mąkę, mieszamy aż powstanie miękkie ciasto. Studzimy, następnie dodajemy po jednym jajku.
e) Wyłóż kłódki na blachę do pieczenia i piecz na złoty kolor.

PRZYGOTOWANIE LAKIERU MALINOWEGO:
f) Zmiażdż liofilizowane maliny i przesiej proszek.
g) Połącz białą czekoladę i śmietankę, podgrzej, aż masa będzie gładka.
h) Dodać proszek malinowy, wymieszać i poczekać, aż lukier ostygnie.

PRZYGOTOWANIE KREMU PISTACJOWEGO :

i) Zmiksuj pistacje, irlandzką śmietankę i zielony barwnik spożywczy na puree.
j) W misce ubić serek śmietankowy na puszystą masę, następnie dodać roztopioną białą czekoladę i puree pistacjowe.
k) Dodajemy schłodzoną śmietankę i ubijamy na sztywną masę.

MONTAŻ ECLAIRÓW:

l) Ostudzone eklery przekrój na pół. Na dolną połowę wyciśnij krem pistacjowy, dodaj maliny i przykryj górną połówką.
m) Zanurz górną połowę każdego eklera w malinowej polewie.
n) Udekoruj kawałkami liofilizowanych malin, polewą z białej czekolady, resztkami śmietany, świeżymi malinami lub kawałkami pistacji.
o) Eklery przechowuj w lodówce i wyjmij na 20 minut przed podaniem.
p) Ciesz się zachwycającym połączeniem malin i pistacji w tych eleganckich eklerach, idealnych na każdą okazję!

53. Eklery czekoladowe i orzechowe

SKŁADNIKI:
NA CIASTO CHOUX:
- 1 szklanka wody
- 1/2 szklanki niesolonego masła
- 1 Mąkę o wszechstronnym przeznaczeniu
- 1/2 łyżeczki soli
- 1 łyżka cukru
- 4 duże jajka

NA NADZIENIE Z KREMEM ORZECHOWYM :
- 1 szklanka gęstej śmietanki
- 1/4 szklanki cukru pudru
- 1 łyżeczka ekstraktu waniliowego
- 1/2 szklanki kremu z orzechów laskowych (np. Nutella)

NA CZEKOLADOWY GANACHE:
- 1 szklanka półsłodkich kawałków czekolady
- 1/2 szklanki gęstej śmietanki
- 2 łyżki niesolonego masła

INSTRUKCJE:
CIASTO CHOUX:
a) Rozgrzej piekarnik do 220°C (425°F). Blachę do pieczenia wyłóż papierem pergaminowym.
b) W rondlu ustawionym na średnim ogniu wymieszaj wodę, masło, sól i cukier. Doprowadzić do wrzenia.
c) Zdjąć z ognia i szybko wymieszać z mąką, aż powstanie ciasto.
d) Postaw patelnię na małym ogniu i smaż ciasto, ciągle mieszając, przez 1-2 minuty, aby wyschło.
e) Ciasto przełożyć do dużej miski do miksowania. Pozwól mu ostygnąć przez kilka minut.
f) Dodawać po jednym jajku, dobrze ubijać po każdym dodaniu, aż ciasto będzie gładkie i błyszczące.
g) Ciasto przełożyć do rękawa cukierniczego z dużą okrągłą końcówką. Wyciśnij 4-calowe paski na przygotowaną blachę do pieczenia.
h) Piec przez 15 minut w temperaturze 425°F, następnie zmniejszyć temperaturę do 375°F (190°C) i piec przez

dodatkowe 20 minut lub do złotego koloru. Pozostawić do całkowitego ostygnięcia.

Z KREMU ORZECHOWEGO :
i) W misce miksującej ubijaj ciężką śmietanę, aż utworzą się miękkie szczyty.
j) Dodać cukier puder i ekstrakt waniliowy. Kontynuuj ubijanie, aż utworzą się sztywne szczyty.
k) Delikatnie wymieszaj masę orzechową, aż składniki dobrze się połączą.

ROZPUSZCZONA CZEKOLADA:
l) Kawałki czekolady włóż do żaroodpornej miski.
m) W rondlu podgrzej gęstą śmietanę, aż zacznie się gotować.
n) Gorącą śmietanką zalać czekoladę i odstawić na minutę.
o) Mieszaj, aż masa będzie gładka, następnie dodaj masło i mieszaj, aż się rozpuści.

MONTAŻ:
p) Każdy schłodzony ekler przekrój poziomo na pół.
q) Na dolną połowę każdego eklera nałóż łyżką lub wyciśnij nadzienie z kremu orzechowego.
r) Na nadzieniu połóż górną połowę eklera.
s) Zanurz wierzch każdego eklera w czekoladowym ganache lub połóż ganache na wierzchu.
t) Pozwól ganache ostygnąć przez kilka minut.
u) Opcjonalnie dla dekoracji posyp posiekanymi orzechami laskowymi.
v) Podawaj i delektuj się wykwintnym połączeniem czekolady i orzechów laskowych w każdym pysznym kęsie tych czekoladowo-orzechowych eklerów!

54. Eklery czekoladowe z masłem orzechowym

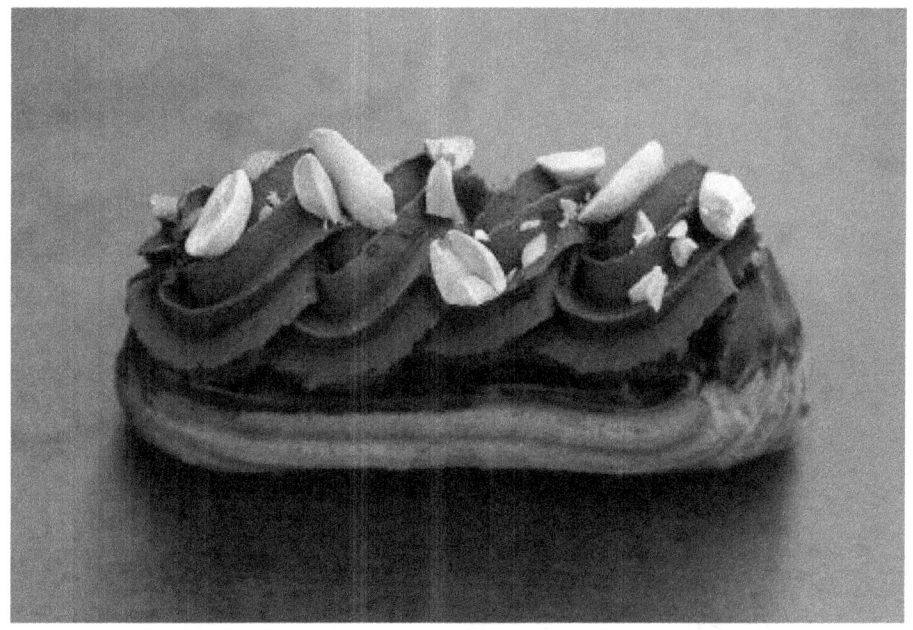

SKŁADNIKI:
DLA ECLAIRÓW:
- 160 ml. woda
- 5 gramów cukru
- 70 gramów masła
- 3 gramy drobnej soli
- 15 gramów skrobi kukurydzianej
- 90 gramów mąki uniwersalnej
- Ubić 2-3 jajka

NA KREM Z MASŁEM ORZECHOWYM:
- 250 ml bita śmietana
- 100 gramów gładkiego masła orzechowego
- 50 gramów cukru pudru

NA CZEKOLADOWY GANACHE (ZARÓWNO DO MANU, JAK I DO polewy):
- 250 gramów gorzkiej czekolady
- 250 ml bita śmietana
- Szczypta soli

DEKORACJA:
- 50-60 gramów solonych, prażonych orzeszków ziemnych przekrojonych na pół

INSTRUKCJE:
ZROBIĆ ECLAIRY:
a) Rozgrzej piekarnik do 180 stopni C.
b) W średnim rondlu umieść wodę, sól, cukier i masło i podgrzej do silnego wrzenia.
c) Dodać skrobię kukurydzianą oraz mąkę i mieszać podczas gotowania, aż powstanie grudka ciasta.
d) Ciasto przełóż do miski miksera elektrycznego z końcówką łopatkową i mieszaj na średnich obrotach przez 2-3 minuty, aż lekko ostygnie.
e) Stopniowo dodawaj jajka, cały czas ubijając, aż ciasto będzie elastyczne i gładkie.
f) Gotowość ciasta sprawdzamy tworząc drewnianą łyżką „ślad" pośrodku ciasta – jeśli ślad pozostaje stabilny dodajemy trochę jajek, a jeśli się lekko zasklepi – ciasto jest gotowe. Ważne jest,

aby nie dodawać do ciasta zbyt dużej ilości jajek, gdyż może stać się zbyt miękkie i zniszczone.
g) Ciasto przełożyć do rękawa cukierniczego z ząbkowaną końcówką o średnicy 2 cm. Na blasze wyłożonej papierem do pieczenia układamy eklery o długości 8-10 cm. Ważne jest, aby pozostawić trochę odstępu pomiędzy eklerami.
h) Piecz eklery przez 20-25 minut, aż będą złociste i gotowe.
i) Całkowicie ostudzić w temperaturze pokojowej.
j) Zrób 2 małe dziurki na spodzie każdego eklera.

KREM Z MASŁEM ORZECHOWYM:
k) W misie miksera z końcówką do ubijania ubić śmietanę, masło orzechowe i cukier puder na wysokich obrotach, aż masa będzie kremowa i bardzo stabilna.
l) Napełnij eklery kremem z masła orzechowego i przechowuj je nadziewane w lodówce do czasu pokrycia i dekoracji.

ROZPUSZCZONA CZEKOLADA:
m) Czekoladę posiekać i umieścić w misce.
n) W małym rondlu podgrzej śmietanę i sól, aż się zagotuje.
o) Gorącą śmietanką zalej posiekaną czekoladę, odczekaj minutę i dokładnie wymieszaj, aż powstanie jednolity i błyszczący czekoladowy ganache.
p) Zanurz wierzch eklerów w ciepłym ganache i włóż je do lodówki, aby ostygły.
q) Pozostały ganache przełóż do szerokiego pudełka i wstaw do lodówki na 2-3 godziny, aż całkowicie wystygnie.
r) Zimny ganache przełóż do miski miksera z końcówką do ubijania i ubijaj na wysokich obrotach, aż masa będzie stabilna i puszysta.
s) Krem przełożyć do rękawa cukierniczego zakończonego 2 cm ząbkowaną końcówką i posmarować kremem czekoladowym każdy ekler.
t) Udekoruj prażonymi, solonymi orzeszkami ziemnymi i podawaj.

55.Pralinowe eklery migdałowe

SKŁADNIKI:
NA CIASTO CHOUX:
- 1 szklanka wody
- 1/2 szklanki niesolonego masła
- 1 Mąkę o wszechstronnym przeznaczeniu
- 4 duże jajka

DO WYPEŁNIENIA:
- 2 szklanki kremu cukierniczego o smaku migdałowym
- Pralina Migdałowa do dekoracji (posiekane migdały karmelizowane w cukrze)

DO SZKLIWIENIA:
- 1/2 szklanki gorzkiej czekolady, posiekanej
- 1/4 szklanki niesolonego masła
- 1 szklanka cukru pudru
- 1/4 szklanki gorącej wody

INSTRUKCJE:
CIASTO CHOUX:
a) Rozgrzej piekarnik do 190°C i wyłóż blachę do pieczenia papierem pergaminowym.
b) W rondlu połącz wodę i masło. Podgrzewaj na średnim ogniu, aż masło się roztopi i mieszanina zagotuje.
c) Zdejmij z ognia, dodaj mąkę i energicznie mieszaj, aż mieszanina utworzy kulę.
d) Pozostaw ciasto do ostygnięcia na kilka minut, następnie dodawaj po jednym jajku, dobrze ubijając po każdym dodaniu.
e) Ciasto przełożyć do rękawa cukierniczego i wycisnąć eklery na przygotowaną blachę.
f) Piec przez około 30 minut lub do złotego koloru. Pozwól ostygnąć.

POŻYWNY:
g) Napełnij eklery kremem cukierniczym o smaku migdałowym. Do wypełnienia każdego eklera możesz użyć rękawa cukierniczego lub małej łyżki.
h) Udekoruj nadziewane eklery praliną migdałową. Aby przygotować pralinę, podgrzej posiekane migdały na patelni, aż się lekko przyrumienią. Posyp migdały cukrem i kontynuuj

podgrzewanie, aż cukier się skarmelizuje. Pozostawić do ostygnięcia i pokroić na małe kawałki.

GLAZURA:
i) W żaroodpornej misce rozpuść ciemną czekoladę z masłem na podwójnym bojlerze.
j) Zdejmij z ognia, dodaj cukier puder i stopniowo dodawaj gorącą wodę, aż masa będzie gładka.
k) Zanurz wierzch każdego eklera w polewie z ciemnej czekolady, zapewniając równomierne pokrycie. Pozwól, aby nadmiar spłynął.
l) Połóż oszklone eklery na blasze i pozostaw do ostygnięcia, aż czekolada stwardnieje.
m) Podawaj schłodzone i delektuj się orzechową słodyczą migdałowych pralinowych eklerów!

56. Eklery z klonu orzechowego

SKŁADNIKI:
NA CIASTO CHOUX:
- 1 szklanka wody
- 1/2 szklanki niesolonego masła
- 1 Mąkę o wszechstronnym przeznaczeniu
- 4 duże jajka

DO WYPEŁNIENIA:
- 2 szklanki kremu cukierniczego o smaku orzechowym
- Syrop klonowy do polania

DO SZKLIWIENIA:
- 1/2 szklanki białej czekolady, posiekanej
- 1/4 szklanki niesolonego masła
- 1 szklanka cukru pudru
- 1/4 szklanki gorącej wody

INSTRUKCJE:
CIASTO CHOUX:
a) Rozgrzej piekarnik do 190°C i wyłóż blachę do pieczenia papierem pergaminowym.
b) W rondlu połącz wodę i masło. Podgrzewaj na średnim ogniu, aż masło się roztopi i mieszanina zagotuje.
c) Zdejmij z ognia, dodaj mąkę i energicznie mieszaj, aż mieszanina utworzy kulę.
d) Pozostaw ciasto do ostygnięcia na kilka minut, następnie dodawaj po jednym jajku, dobrze ubijając po każdym dodaniu.
e) Ciasto przełożyć do rękawa cukierniczego i wycisnąć eklery na przygotowaną blachę.
f) Piec przez około 30 minut lub do złotego koloru. Pozwól ostygnąć.

POŻYWNY:
g) Napełnij eklery kremem cukierniczym o smaku orzechowym. Do napełniania każdego eklera użyj rękawa cukierniczego lub małej łyżki.
h) Napełnione eklery polej syropem klonowym. Ilość syropu klonowego można dostosować do własnych upodobań.

GLAZURA:

i) W żaroodpornej misce rozpuść białą czekoladę z masłem na podwójnym bojlerze.
j) Zdejmij z ognia, dodaj cukier puder i stopniowo dodawaj gorącą wodę, aż masa będzie gładka.
k) Zanurz wierzch każdego eklera w polewie z białej czekolady, zapewniając równomierne pokrycie. Pozwól, aby nadmiar spłynął.
l) Połóż oszklone eklery na blasze i pozostaw do ostygnięcia, aż czekolada stwardnieje.
m) Podawaj schłodzone i rozkoszuj się zachwycającym połączeniem orzechów włoskich i klonu w eklerach Walnut Maple!

57. Eklery z różą pistacjową

SKŁADNIKI:
NA CIASTO CHOUX:
- 1 szklanka wody
- 1/2 szklanki niesolonego masła
- 1 Mąkę o wszechstronnym przeznaczeniu
- 4 duże jajka

DO WYPEŁNIENIA:
- 2 szklanki kremu cukierniczego o smaku pistacjowym
- Jadalne płatki róż do dekoracji

DO SZKLIWIENIA:
- 1/2 szklanki gorzkiej czekolady, posiekanej
- 1/4 szklanki niesolonego masła
- 1 szklanka cukru pudru
- 1/4 szklanki gorącej wody

INSTRUKCJE:
CIASTO CHOUX:
a) Rozgrzej piekarnik do 190°C i wyłóż blachę do pieczenia papierem pergaminowym.
b) W rondlu połącz wodę i masło. Podgrzewaj na średnim ogniu, aż masło się roztopi i mieszanina zagotuje.
c) Zdejmij z ognia, dodaj mąkę i energicznie mieszaj, aż mieszanina utworzy kulę.
d) Pozostaw ciasto do ostygnięcia na kilka minut, następnie dodawaj po jednym jajku, dobrze ubijając po każdym dodaniu.
e) Ciasto przełożyć do rękawa cukierniczego i wycisnąć eklery na przygotowaną blachę.
f) Piec przez około 30 minut lub do złotego koloru. Pozwól ostygnąć.

POŻYWNY:
g) Napełnij eklery kremem cukierniczym o smaku pistacjowym. Do wypełnienia każdego eklera możesz użyć rękawa cukierniczego lub małej łyżki.
h) Udekoruj nadziewane eklery jadalnymi płatkami róż.

GLAZURA:
i) W żaroodpornej misce rozpuść ciemną czekoladę z masłem na podwójnym bojlerze.

j) Zdejmij z ognia, dodaj cukier puder i stopniowo dodawaj gorącą wodę, aż masa będzie gładka.
k) Zanurz wierzch każdego eklera w polewie z ciemnej czekolady, zapewniając równomierne pokrycie. Pozwól, aby nadmiar spłynął.
l) Połóż oszklone eklery na blasze i pozostaw do ostygnięcia, aż czekolada stwardnieje.
m) Podawaj schłodzone i ciesz się egzotycznymi smakami eklerów pistacjowych!

58. Eklery z karmelem orzechowym

SKŁADNIKI:
NA CIASTO CHOUX:
- 1 szklanka wody
- 1/2 szklanki niesolonego masła
- 1 Mąkę o wszechstronnym przeznaczeniu
- 4 duże jajka

DO WYPEŁNIENIA:
- 2 szklanki kremu cukierniczego o smaku karmelowym
- Posiekane orzechy pekan do dekoracji

DO LAZURY KARMELOWEJ:
- 1 szklanka granulowanego cukru
- 1/4 szklanki wody
- 1/2 szklanki gęstej śmietanki
- 1/4 szklanki niesolonego masła

INSTRUKCJE:
CIASTO CHOUX:
a) Rozgrzej piekarnik do 190°C i wyłóż blachę do pieczenia papierem pergaminowym.
b) W rondlu połącz wodę i masło. Podgrzewaj na średnim ogniu, aż masło się roztopi i mieszanina zagotuje.
c) Zdejmij z ognia, dodaj mąkę i energicznie mieszaj, aż mieszanina utworzy kulę.
d) Pozostaw ciasto do ostygnięcia na kilka minut, następnie dodawaj po jednym jajku, dobrze ubijając po każdym dodaniu.
e) Ciasto przełożyć do rękawa cukierniczego i wycisnąć eklery na przygotowaną blachę.
f) Piec przez około 30 minut lub do złotego koloru. Pozwól ostygnąć.

POŻYWNY:
g) Napełnij eklery kremem cukierniczym o smaku karmelowym. Do wypełnienia każdego eklera możesz użyć rękawa cukierniczego lub małej łyżki.
h) Udekoruj nadziewane eklery posiekanymi orzechami pekan.

LAZURA KARMELOWA:
i) W rondlu o grubym dnie wymieszaj cukier i wodę na średnim ogniu. Mieszaj, aż cukier się rozpuści.

j) Pozostawić mieszaninę do wrzenia bez mieszania. Kontynuuj gotowanie, aż karmel nabierze ciemnobursztynowego koloru.
k) Ostrożnie i powoli dodawaj gęstą śmietanę, cały czas mieszając. Zachowaj ostrożność, ponieważ mieszanina będzie bąblować.
l) Zdejmij rondelek z ognia i wymieszaj z niesolonym masłem, aż będzie gładkie.
m) Pozostaw polewę karmelową do ostygnięcia na kilka minut, a następnie zanurz wierzch każdego eklera w polewie karmelowej, zapewniając równomierne pokrycie. Pozwól, aby nadmiar spłynął.
n) Połóż oszklone eklery na blasze i pozostaw do ostygnięcia, aż karmel stwardnieje.
o) Podawaj schłodzone i ciesz się słodko-orzechową rozkoszą Pecan Caramel Éclairs!
p) Dla dodatkowej tekstury możesz dodać więcej posiekanych orzechów pekan na wierzch. Ciesz się domowymi eklerami z karmelem pekan!

59. Eklery z białą czekoladą Macadamia

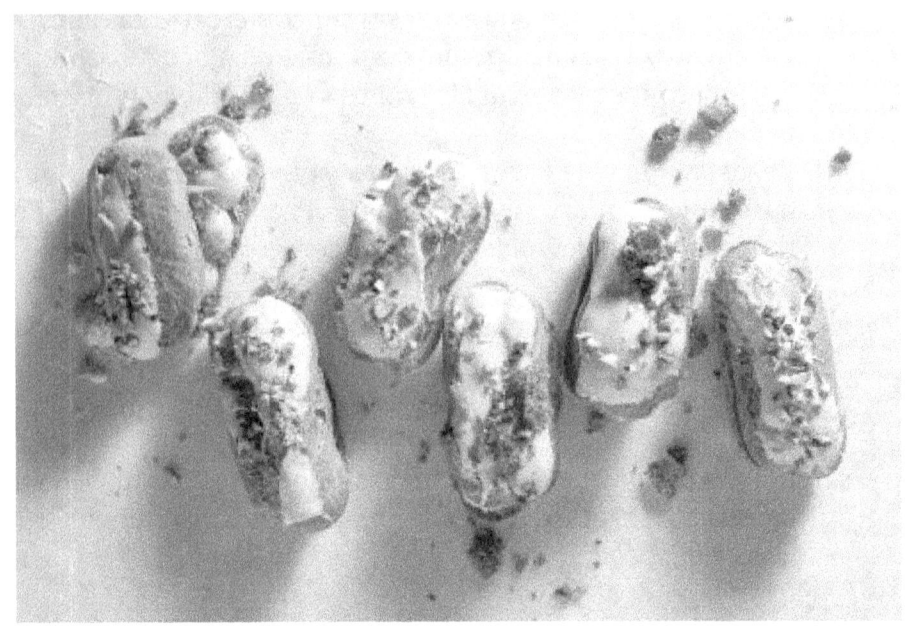

SKŁADNIKI:
NA CIASTO CHOUX:
- 1 szklanka wody
- 1/2 szklanki niesolonego masła
- 1 Mąkę o wszechstronnym przeznaczeniu
- 4 duże jajka

DO WYPEŁNIENIA:
- 2 szklanki kremu cukierniczego o smaku białej czekolady i orzechów makadamia
- Zmielone orzechy makadamia do dekoracji

W przypadku polewy z białej czekolady:
- 1/2 szklanki białej czekolady, posiekanej
- 1/4 szklanki niesolonego masła
- 1 szklanka cukru pudru
- 1/4 szklanki gorącej wody

INSTRUKCJE:
CIASTO CHOUX:
a) Rozgrzej piekarnik do 190°C i wyłóż blachę do pieczenia papierem pergaminowym.
b) W rondlu połącz wodę i masło. Podgrzewaj na średnim ogniu, aż masło się roztopi i mieszanina zagotuje.
c) Zdejmij z ognia, dodaj mąkę i energicznie mieszaj, aż mieszanina utworzy kulę.
d) Pozostaw ciasto do ostygnięcia na kilka minut, następnie dodawaj po jednym jajku, dobrze ubijając po każdym dodaniu.
e) Ciasto przełożyć do rękawa cukierniczego i wycisnąć eklery na przygotowaną blachę.
f) Piec przez około 30 minut lub do złotego koloru. Pozwól ostygnąć.

POŻYWNY:
g) Napełnij eklery kremem cukierniczym o smaku białej czekolady i orzechów makadamia. Do napełniania każdego eklera użyj rękawa cukierniczego lub małej łyżki.
h) Udekoruj nadziewane eklery pokruszonymi orzechami makadamia.

LAKIERA Z BIAŁEJ CZEKOLADY:

i) W żaroodpornej misce rozpuść białą czekoladę z masłem na podwójnym bojlerze.
j) Zdejmij z ognia, dodaj cukier puder i stopniowo dodawaj gorącą wodę, aż masa będzie gładka.
k) Zanurz wierzch każdego eklera w polewie z białej czekolady, zapewniając równomierne pokrycie. Pozwól, aby nadmiar spłynął.
l) Połóż oszklone eklery na blasze i poczekaj aż ostygną, aż biała czekolada stwardnieje.
m) Podawaj schłodzone i delektuj się zachwycającym połączeniem eklerów z białej czekolady Macadamia!

PRZYPRAWIONE EKLARY

60. Eklery Dyni Klonowej

SKŁADNIKI:
DLA ECLAIRÓW:
- 1/2 szklanki niesolonego masła
- 1 szklanka wody
- 1 Mąkę o wszechstronnym przeznaczeniu
- 1/2 łyżeczki mielonego cynamonu
- 1/4 łyżeczki KAŻDEGO: sól, mielona gałka muszkatołowa
- 4 duże jajka

DO WYPEŁNIENIA:
- 1/3 szklanki serka śmietankowego, miękkiego
- 1/3 szklanki czystego puree z dyni
- 1/2 łyżeczki ekstraktu z syropu klonowego
- Posyp mielonym cynamonem, gałką muszkatołową
- 1 szklanka gęstej śmietany, schłodzonej
- 1 szklanka cukru pudru

DO SZKLIWIENIA:
- 1 1/2 szklanki cukru pudru
- 1/4 szklanki syropu klonowego
- 2 łyżki gęstej śmietany

INSTRUKCJE:
NA PATE A CHOUX:
a) Rozgrzej piekarnik do 425F/218C. Blachę do pieczenia wyłóż papierem pergaminowym i przygotuj rękaw cukierniczy z końcówką w kształcie francuskiej gwiazdy.

b) Do miski przesiej mąkę, sól, cynamon i gałkę muszkatołową. W rondlu zagotuj masło i wodę. Dodajemy suche składniki, mieszamy aż powstanie kula ciasta.

c) Pozostaw ciasto do ostygnięcia, następnie dodawaj po jednym jajku, dobrze mieszając. Ciasto przełożyć do rękawa cukierniczego.

PRZYGOTOWANIE ECLAIRÓW:
d) Wyciśnij eklery o średnicy od 4 do 6 cali na pergamin. Piec w temperaturze 100°C przez 10 minut, następnie zmniejszyć do 375°F i piec przez 30-35 minut na złoty kolor. Studzimy na drucianej kratce.

NADZIENIE DYNIOWE:

e) Połącz serek śmietankowy, puree z dyni, ekstrakt i przyprawy. Ubijaj, aż będzie gładka.
f) W osobnej misce ubij śmietanę z cukrem, aż powstanie sztywna piana. Dodaj mieszaninę dyni i ubijaj, aż masa będzie jasna i puszysta.
g) Nadzienie przełożyć do rękawa cukierniczego.

Glazura klonowa:
h) Do miski wsyp cukier puder.
i) Stopniowo dodawaj syrop klonowy i gęstą śmietanę, aż do uzyskania pożądanej konsystencji.

MONTAŻ:
j) Po ostygnięciu eklerów napełniaj je z boku, od dołu lub dzieląc i wyciągając rurką do środka.
k) Zanurz górną połowę każdego nadziewanego eklera w klonowej glazurze. Pozwól, aby nadmiar glazury spłynął.
l) Przechowuj eklery w lodówce, w szczelnym pojemniku.

61. Eklery z przyprawą cynamonową

SKŁADNIKI:
NA CIASTO CHOUX:
- 1 szklanka wody
- 1/2 szklanki niesolonego masła
- 1 Mąkę o wszechstronnym przeznaczeniu
- 4 duże jajka

DO WYPEŁNIENIA:
- 2 szklanki kremu cukierniczego z dodatkiem cynamonu

DO SZKLIWIENIA:
- 1/2 szklanki gorzkiej czekolady, posiekanej
- 1/4 szklanki niesolonego masła
- 1 szklanka cukru pudru
- 1/4 szklanki gorącej wody

INSTRUKCJE:
CIASTO CHOUX:
a) Rozgrzej piekarnik do 190°C i wyłóż blachę do pieczenia papierem pergaminowym.
b) W rondlu połącz wodę i masło. Podgrzewaj na średnim ogniu, aż masło się roztopi i mieszanina zagotuje.
c) Zdejmij z ognia, dodaj mąkę i energicznie mieszaj, aż mieszanina utworzy kulę.
d) Pozostaw ciasto do ostygnięcia na kilka minut, następnie dodawaj po jednym jajku, dobrze ubijając po każdym dodaniu.
e) Ciasto przełożyć do rękawa cukierniczego i wycisnąć eklery na przygotowaną blachę.
f) Piec przez około 30 minut lub do złotego koloru. Pozwól ostygnąć.

POŻYWNY:
g) Przygotuj krem do ciasta o smaku cynamonu. Możesz dodać mielony cynamon do klasycznego przepisu na krem do ciasta lub użyć gotowego kremu do ciasta o smaku cynamonu.
h) Napełnij eklery kremem cukierniczym z przyprawionym cynamonem za pomocą rękawa cukierniczego lub małej łyżki.

GLAZURA:
i) W żaroodpornej misce rozpuść ciemną czekoladę z masłem na podwójnym bojlerze.

j) Zdejmij z ognia, dodaj cukier puder i stopniowo dodawaj gorącą wodę, aż masa będzie gładka.
k) Zanurz wierzch każdego eklera w polewie z ciemnej czekolady, zapewniając równomierne pokrycie. Pozwól, aby nadmiar spłynął.
l) Połóż oszklone eklery na blasze i pozostaw do ostygnięcia, aż czekolada stwardnieje.
m) Podawaj schłodzone i delektuj się ciepłym i orzeźwiającym smakiem eklerów cynamonowych!

62. Eklery kardamonowe

SKŁADNIKI:
NA CIASTO CHOUX:
- 1 szklanka wody
- 1/2 szklanki niesolonego masła
- 1 Mąkę o wszechstronnym przeznaczeniu
- 4 duże jajka

DO WYPEŁNIENIA:
- 2 szklanki kremu cukierniczego z dodatkiem kardamonu

DO SZKLIWIENIA:
- 1/2 szklanki białej czekolady, posiekanej
- 1/4 szklanki niesolonego masła
- 1 szklanka cukru pudru
- 1/4 szklanki gorącej wody

INSTRUKCJE:
CIASTO CHOUX:
a) Rozgrzej piekarnik do 190°C i wyłóż blachę do pieczenia papierem pergaminowym.
b) W rondlu połącz wodę i masło. Podgrzewaj na średnim ogniu, aż masło się roztopi i mieszanina zagotuje.
c) Zdejmij z ognia, dodaj mąkę i energicznie mieszaj, aż mieszanina utworzy kulę.
d) Pozostaw ciasto do ostygnięcia na kilka minut, następnie dodawaj po jednym jajku, dobrze ubijając po każdym dodaniu.
e) Ciasto przełożyć do rękawa cukierniczego i wycisnąć eklery na przygotowaną blachę.
f) Piec przez około 30 minut lub do złotego koloru. Pozwól ostygnąć.

POŻYWNY:
g) Przygotuj krem \u200b\u200bdo ciasta na bazie kardamonu. Możesz dodać mielony kardamon do klasycznego przepisu na krem do ciasta lub użyć gotowego kremu do ciasta o smaku kardamonu.
h) Napełnij eklery kremem cukierniczym z dodatkiem kardamonu za pomocą rękawa cukierniczego lub małej łyżki.

GLAZURA:

i) W żaroodpornej misce rozpuść białą czekoladę z masłem na podwójnym bojlerze.
j) Zdejmij z ognia, dodaj cukier puder i stopniowo dodawaj gorącą wodę, aż masa będzie gładka.
k) Zanurz wierzch każdego eklera w polewie z białej czekolady, zapewniając równomierne pokrycie. Pozwól, aby nadmiar spłynął.
l) Połóż oszklone eklery na blasze i poczekaj aż ostygną, aż biała czekolada stwardnieje.
m) Podawaj schłodzone i ciesz się aromatycznym i egzotycznym smakiem Kardamonowych Eklerów!

63. Piernikowe eklery

SKŁADNIKI:
NA CIASTO CHOUX:
- 1 szklanka wody
- 1/2 szklanki niesolonego masła
- 1 Mąkę o wszechstronnym przeznaczeniu
- 4 duże jajka

DO WYPEŁNIENIA:
- 2 szklanki kremu piernikowego do ciasta

DO SZKLIWIENIA:
- 1/2 szklanki gorzkiej czekolady, posiekanej
- 1/4 szklanki niesolonego masła
- 1 szklanka cukru pudru
- 1/4 szklanki gorącej wody

INSTRUKCJE:
CIASTO CHOUX:
a) Rozgrzej piekarnik do 190°C i wyłóż blachę do pieczenia papierem pergaminowym.
b) W rondlu połącz wodę i masło. Podgrzewaj na średnim ogniu, aż masło się roztopi i mieszanina zagotuje.
c) Zdejmij z ognia, dodaj mąkę i energicznie mieszaj, aż mieszanina utworzy kulę.
d) Pozostaw ciasto do ostygnięcia na kilka minut, następnie dodawaj po jednym jajku, dobrze ubijając po każdym dodaniu.
e) Ciasto przełożyć do rękawa cukierniczego i wycisnąć eklery na przygotowaną blachę.
f) Piec przez około 30 minut lub do złotego koloru. Pozwól ostygnąć.

POŻYWNY:
g) Przygotuj krem ciasto-piernikowy z przyprawą. Możesz dodać kombinację mielonego imbiru, cynamonu, gałki muszkatołowej i goździków do klasycznego przepisu na krem do ciasta lub użyć gotowego kremu do ciasta o smaku piernika.
h) Napełnij eklery kremem z ciasta piernikowego za pomocą rękawa cukierniczego lub małej łyżeczki.

GLAZURA:
i) W żaroodpornej misce rozpuść ciemną czekoladę z masłem na podwójnym bojlerze.
j) Zdejmij z ognia, dodaj cukier puder i stopniowo dodawaj gorącą wodę, aż masa będzie gładka.
k) Zanurz wierzch każdego eklera w polewie z ciemnej czekolady, zapewniając równomierne pokrycie. Pozwól, aby nadmiar spłynął.
l) Połóż oszklone eklery na blasze i pozostaw do ostygnięcia, aż czekolada stwardnieje.
m) Podawaj schłodzone i delektuj się ciepłym i orzeźwiającym smakiem piernikowych eklerów!

64. Eklery z naparem z gałki muszkatołowej

SKŁADNIKI:
NA CIASTO CHOUX:
- 1 szklanka wody
- 1/2 szklanki niesolonego masła
- 1 Mąkę o wszechstronnym przeznaczeniu
- 4 duże jajka

DO WYPEŁNIENIA:
- 2 szklanki kremu cukierniczego z gałką muszkatołową

DO SZKLIWIENIA:
- 1/2 szklanki białej czekolady, posiekanej
- 1/4 szklanki niesolonego masła
- 1 szklanka cukru pudru
- 1/4 szklanki gorącej wody

INSTRUKCJE:
CIASTO CHOUX:
a) Rozgrzej piekarnik do 190°C i wyłóż blachę do pieczenia papierem pergaminowym.
b) W rondlu połącz wodę i masło. Podgrzewaj na średnim ogniu, aż masło się roztopi i mieszanina zagotuje.
c) Zdejmij z ognia, dodaj mąkę i energicznie mieszaj, aż mieszanina utworzy kulę.
d) Pozostaw ciasto do ostygnięcia na kilka minut, następnie dodawaj po jednym jajku, dobrze ubijając po każdym dodaniu.
e) Ciasto przełożyć do rękawa cukierniczego i wycisnąć eklery na przygotowaną blachę.
f) Piec przez około 30 minut lub do złotego koloru. Pozwól ostygnąć.

POŻYWNY:
g) Przygotuj krem do ciasta z gałką muszkatołową. Możesz dodać mieloną gałkę muszkatołową do klasycznego przepisu na krem do ciasta lub użyć gotowego kremu do ciasta o smaku gałki muszkatołowej.
h) Napełnij eklery kremem cukierniczym z gałką muszkatołową, używając rękawa cukierniczego lub małej łyżki.

GLAZURA:

i) W żaroodpornej misce rozpuść białą czekoladę z masłem na podwójnym bojlerze.
j) Zdejmij z ognia, dodaj cukier puder i stopniowo dodawaj gorącą wodę, aż masa będzie gładka.
k) Zanurz wierzch każdego eklera w polewie z białej czekolady, zapewniając równomierne pokrycie. Pozwól, aby nadmiar spłynął.
l) Połóż oszklone eklery na blasze i poczekaj aż ostygną, aż biała czekolada stwardnieje.
m) Podawaj schłodzone i ciesz się subtelnym ciepłem i zapachem eklerów z naparem z gałki muszkatołowej!

65. Eklery Chai Latte

SKŁADNIKI:
NA CIASTO CHOUX:
- 1 szklanka wody
- 1/2 szklanki niesolonego masła
- 1 Mąkę o wszechstronnym przeznaczeniu
- 4 duże jajka

DO WYPEŁNIENIA:
- 2 szklanki kremu do ciasta z dodatkiem chai latte

DO SZKLIWIENIA:
- 1/2 szklanki gorzkiej czekolady, posiekanej
- 1/4 szklanki niesolonego masła
- 1 szklanka cukru pudru
- 1/4 szklanki gorącej wody

INSTRUKCJE:
CIASTO CHOUX:
a) Rozgrzej piekarnik do 190°C i wyłóż blachę do pieczenia papierem pergaminowym.
b) W rondlu połącz wodę i masło. Podgrzewaj na średnim ogniu, aż masło się roztopi i mieszanina zagotuje.
c) Zdejmij z ognia, dodaj mąkę i energicznie mieszaj, aż mieszanina utworzy kulę.
d) Pozostaw ciasto do ostygnięcia na kilka minut, następnie dodawaj po jednym jajku, dobrze ubijając po każdym dodaniu.
e) Ciasto przełożyć do rękawa cukierniczego i wycisnąć eklery na przygotowaną blachę.
f) Piec przez około 30 minut lub do złotego koloru. Pozwól ostygnąć.

POŻYWNY:
g) Przygotuj krem do ciasta z dodatkiem chai latte. Dodaj mielone przyprawy chai (cynamon, kardamon, imbir, goździki) do klasycznego przepisu na krem do ciasta lub użyj gotowego kremu do ciasta o smaku chai latte.
h) Napełnij eklery kremem cukierniczym z dodatkiem chai latte za pomocą rękawa cukierniczego lub małej łyżki.

GLAZURA:
i)   W żaroodpornej misce rozpuść ciemną czekoladę z masłem na podwójnym bojlerze.
j)   Zdejmij z ognia, dodaj cukier puder i stopniowo dodawaj gorącą wodę, aż masa będzie gładka.
k)   Zanurz wierzch każdego eklera w polewie z ciemnej czekolady, zapewniając równomierne pokrycie. Pozwól, aby nadmiar spłynął.
l)   Połóż oszklone eklery na blasze i pozostaw do ostygnięcia, aż czekolada stwardnieje.
m) Podawaj schłodzone i delektuj się bogatym i pikantnym smakiem Chai Latte Éclairs!

66. Eklery z przyprawioną skórką pomarańczową

SKŁADNIKI:
NA CIASTO CHOUX:
- 1 szklanka wody
- 1/2 szklanki niesolonego masła
- 1 Mąkę o wszechstronnym przeznaczeniu
- 4 duże jajka

DO WYPEŁNIENIA:
- 2 szklanki kremu cukierniczego z przyprawioną skórką pomarańczową

DO SZKLIWIENIA:
- 1/2 szklanki białej czekolady, posiekanej
- 1/4 szklanki niesolonego masła
- 1 szklanka cukru pudru
- 1/4 szklanki gorącej wody

INSTRUKCJE:
CIASTO CHOUX:
a) Rozgrzej piekarnik do 190°C i wyłóż blachę do pieczenia papierem pergaminowym.
b) W rondlu połącz wodę i masło. Podgrzewaj na średnim ogniu, aż masło się roztopi i mieszanina zagotuje.
c) Zdejmij z ognia, dodaj mąkę i energicznie mieszaj, aż mieszanina utworzy kulę.
d) Pozostaw ciasto do ostygnięcia na kilka minut, następnie dodawaj po jednym jajku, dobrze ubijając po każdym dodaniu.
e) Ciasto przełożyć do rękawa cukierniczego i wycisnąć eklery na przygotowaną blachę.
f) Piec przez około 30 minut lub do złotego koloru. Pozwól ostygnąć.

POŻYWNY:
g) Przygotuj krem do ciast z przyprawioną skórką pomarańczową. Do klasycznego przepisu na krem do ciasta dodaj mielone przyprawy (cynamon, goździki, gałkę muszkatołową) i drobno startą skórkę pomarańczową lub użyj gotowego kremu cukierniczego o smaku przyprawionej skórki pomarańczowej.

h) Napełnij eklery kremem cukierniczym z przyprawioną skórką pomarańczową za pomocą rękawa cukierniczego lub małej łyżki.

GLAZURA:

i) W żaroodpornej misce rozpuść białą czekoladę z masłem na podwójnym bojlerze.
j) Zdejmij z ognia, dodaj cukier puder i stopniowo dodawaj gorącą wodę, aż masa będzie gładka.
k) Zanurz wierzch każdego eklera w polewie z białej czekolady, zapewniając równomierne pokrycie. Pozwól, aby nadmiar spłynął.
l) Połóż oszklone eklery na blasze i poczekaj aż ostygną, aż biała czekolada stwardnieje.
m) Podawaj schłodzone i ciesz się zachwycającym połączeniem pikantnych smaków i cytrusów w eklerach Spiced Orange Zest!

CUKIEROWE EKLARY

67. Ekler z masłem orzechowym

SKŁADNIKI:
Ciasto Choux
- 1 szklanka wody
- 1 szklanka mąki
- 0,5 szklanki masła pokrojonego w kostkę
- 0,25 łyżeczki soli
- 4 duże jajka

PATISSERIA Z KREMEM CZEKOLADOWYM
- 1,5 szklanki mleka
- 1 szklanka gęstej śmietanki
- 1 łyżeczka wanilii
- 2 łyżki kakao w proszku
- 3 żółtka
- 1 pełne jajko
- 0,5 szklanki cukru
- 2,5 łyżki skrobi kukurydzianej
- 0,25 łyżeczki soli
- 5 uncji drobno posiekanej gorzkiej lub półsłodkiej czekolady
- 3 łyżki miękkiego masła o temperaturze pokojowej

GANACHE Z MASŁA ORZECHOWEGO
- 1/3 szklanki gęstej śmietanki
- 2 łyżki masła
- 0,5 szklanki masła orzechowego (gładkiego lub z kawałkami)
- 0,5 funta drobno posiekanej gorzkiej czekolady

DO DEKORACJI
- Reese's Pieces, nieopakowane mini kubki lub miniatury
- Orzeszki ziemne prażone na sucho, solone

INSTRUKCJE:
CIASTO CHOUX:
a) Rozgrzej piekarnik do 400°F. Blachy do pieczenia wyłóż papierem pergaminowym i spryskaj nieprzywierającym sprayem kuchennym.
b) Sól wymieszać z mąką i odstawić.
c) W rondlu wymieszaj wodę z masłem pokrojonym w kostkę, zagotuj, następnie dodaj mąkę/sól. Mieszaj, aż powstanie pasta.
d) Kontynuuj mieszanie na ogniu, aż ciasto uformuje kulę i zacznie odchodzić od patelni.
e) Ciasto pozostawiamy do lekkiego ostygnięcia, następnie dodajemy po jednym jajku, dobrze mieszając.
f) Przełożyć ciasto do rękawa cukierniczego i wycisnąć 3-4 calowe kawałki na blachę do pieczenia.
g) Piec przez 10 minut w temperaturze 400°F, następnie zmniejszyć temperaturę do 375°F i piec jeszcze 20 minut. Nie otwieraj piekarnika w trakcie pieczenia.

PATISSERIA Z KREMEM CZEKOLADOWYM:
h) W rondelku połącz mleko, śmietankę i wanilię. W osobnej misce wymieszaj cukier, jajka, żółtka, skrobię kukurydzianą, kakao w proszku i sól.
i) Do masy jajecznej wlać połowę spienionego mleka, cały czas mieszając. Resztę dodawaj stopniowo i wlej z powrotem do rondla.
j) Podgrzewaj na średnim ogniu, ciągle mieszając, aż śmietanka zacznie wytwarzać bąbelki. Dodajemy posiekaną czekoladę i mieszamy aż się rozpuści.
k) Zdjąć z ognia, dodać masło, wymieszać do połączenia. Przykryć folią spożywczą, dotykając powierzchni, ostudzić.

MONTAŻ EKLIER Z KREMEM CIASTECZKOWYM:
l) Załóż rękaw cukierniczy z cienką, gładką końcówką. Wypełnij kremem cukierniczym.
m) Zrób dwa otwory w dolnej części każdego eklera. Napełnij kremem z obu końców ciasta.

GANACHE Z MASŁA ORZECHOWEGO:
n) Czekoladę posiekać na drobne wiórki. W rondelku podgrzej śmietanę.

o) Gorącą śmietaną polej czekoladę. Pozostawić do rozpuszczenia na około 45 sekund, następnie mieszać, aż masa będzie gładka.
p) Wymieszaj masło orzechowe i masło, aż będzie gładkie. Ochłodzić do temperatury pokojowej.

OZDABIANIE:

q) Mroź eklery z ganache z masłem orzechowym za pomocą szpatułki.
r) Ubij pozostały ganache w mikserze i wyciśnij na wierzch eklerów.
s) Na wierzch ułóż mini kubeczki z masłem orzechowym i solonymi orzeszkami ziemnymi.

68.Eklery Solonego Karmelu

SKŁADNIKI:
PATE CHOUX
- 1 szklanka mąki
- 1 szklanka wody
- 8 łyżek niesolonego masła
- ½ łyżeczki soli
- 4 jajka

KREM DO CIAST
- 2 ¼ szklanki pełnego mleka
- ¼ szklanki skrobi kukurydzianej
- ¼ szklanki) cukru
- 4 żółtka
- 1 laska wanilii podzielona na pół i usunięta z nasion
- Szczypta soli

SŁONY SOS KARMELOWY
- 1 szklanka cukru
- ¼ szklanki niesolonego masła 4Tb, pokrojonego na kawałki
- 1 łyżeczka ekstraktu waniliowego
- ½ szklanki gęstej śmietanki
- ½ łyżeczki płatkowej soli morskiej + więcej do dekoracji

INSTRUKCJE:
PRZYGOTOWAĆ KREM DO CIASTA

a) Do średniego garnka dodaj mleko, skrobię kukurydzianą, cukier, żółtka, szczyptę soli i rozdrobnioną laskę wanilii i podgrzej do średniego poziomu.

b) Mieszaj, aż mieszanina będzie gładka i zgęstniała, a kremowa mieszanina pokryje grzbiet łyżki.

c) Gdy zgęstnieje, zdejmij mieszaninę z ognia i przecedź przez sito o drobnych oczkach do innej miski. Pomoże to usunąć wszelkie grudki lub jajka, które mogły się rozbić.

d) Umieść arkusz folii plastikowej bezpośrednio nad kremem, upewniając się, że dotyka, aby nie utworzyła się „skórka", i schłódź krem do ciasta w lodówce, aż całkowicie ostygnie, co najmniej 4 godziny. (Uwaga* Im dłużej stoi, tym gęstszy będzie krem i łatwiej będzie go wylać na ciasto).

PRZYGOTOWAĆ PÂTE À CHOUX (CIASTO)

e) Rozgrzej piekarnik do 425 stopni Fahrenheita i wyłóż 2 blachy do pieczenia papierem pergaminowym lub silpatem.

f) W międzyczasie w średnim garnku rozpuść masło, wodę i sól na średnio-małym ogniu.

g) Dodajemy mąkę i mieszamy łyżką, aż wszystko się połączy i powstanie ciasto. Kontynuuj gotowanie ciasta przez 2 minuty, upewniając się, że nie pozostała już surowa mąka.

h) Dodawaj po jednym jajku i kontynuuj mieszanie łyżką, aż wszystko się dobrze połączy. Na początku może wyglądać na mokre, ale ciasto zejdzie się i zacznie odchodzić od ścianek garnka.

i) Zdejmij ciasto z ognia i przełóż do rękawa cukierniczego lub plastikowej torebki z możliwością wielokrotnego zamykania. Wypełnij torbę do 3,4 wysokości i wytnij całość w jednym z rogów.

j) Wyciskaj kawałki kremu ciasta na blachę do pieczenia o długości około 4-5 cali, na każdej blasze można zmieścić około 10-12 sztuk.

k) Piecz pasztet à choux w temperaturze 100 stopni Fahrenheita przez 10 minut, następnie zmniejsz temperaturę do 250 stopni Fahrenheita i kontynuuj pieczenie przez kolejne 20 minut lub do momentu, aż cały pasztet à choux będzie złotobrązowy. Po upieczeniu wyjąć z piekarnika i pozostawić do całkowitego ostygnięcia.

PRZYGOTOWAĆ SOLONY SOS KARMELOWY

l) Do małego rondelka wsyp cukier i gotuj na małym ogniu, aż cukier zgęstnieje.
m) W razie potrzeby użyj drewnianej łyżki, aby rozdrobnić cukier i kontynuować gotowanie, aż cukier się rozpuści, będzie całkowicie gładki i zmieni kolor na jasnobrązowy.
n) Dodać masło, wanilię i gęstą śmietankę i wymieszać. Dodaj szczyptę płatkowej soli morskiej i dopraw do smaku.
o) Wyłącz ogień i kontynuuj mieszanie sosu karmelowego, aż zgęstnieje i będzie lejący. Odłożone na bok.

ZAMONTUJ ECLAIRY

p) Za pomocą pałeczki lub wykałaczki zrób dziury po obu stronach ciasta, tworząc tunel wewnątrz ciasta.
q) Wyciśnij schłodzoną śmietankę do ciasta, ale nie przepełniaj.
r) Zanurz jedną stronę eklera w sosie karmelowym lub możesz za pomocą łyżki nałożyć na wierzch sos karmelowy.
s) Udekoruj ekler dodatkową solą morską lub jadalną posypką.

69. S'mores Éclairs

SKŁADNIKI:

- 1 szklanka pełnego mleka
- 1 szklanka wody
- 1 szklanka niesolonego masła, pokrojonego na kawałki
- 1 łyżeczka cukru
- ½ łyżeczki soli
- 1 Mąkę o wszechstronnym przeznaczeniu
- 7 dużych jaj w temperaturze pokojowej
- ¾ szklanki okruszków krakersów graham
- 4 szklanki bitej śmietany
- 1 szklanka ganache czekoladowego

INSTRUKCJE:

a) Rozgrzej piekarnik do 400°F. Przygotuj 2 duże blachy do pieczenia wyłożone papierem pergaminowym. Odłożyć na bok.

b) W średnim rondlu o grubym dnie zagotuj mleko, wodę, masło, cukier i sól. Gdy mieszanina zacznie wrzeć, dodaj całą mąkę na raz, zmniejsz ogień do średniego i szybko wymieszaj mieszaninę drewnianą łyżką. Po 1 minucie zmniejsz ogień do małego i mieszaj przez kolejne 3 minuty. Ciasto będzie gładkie i błyszczące.

c) Ciasto przełożyć do miski miksera stojącego wyposażonego w łopatkę. Ubijaj ciasto przez 5 minut, aby ostygło.

d) Dodawaj po jednym jajku, ubijając po każdym dodaniu jajka przez 1 minutę. Ciasto będzie się oddzielać, ale po pewnym czasie złączy się ponownie.

e) Umieść ciasto w rękawie cukierniczym z otworem o średnicy 1 cala. Wyciśnij ciasto na długość 3-4 cali na wyłożoną pergaminem blachę do pieczenia. Jeśli to konieczne, zwilżonym palcem wygładź postrzępione krawędzie ciasta.

f) Piecz eklery przez 20 minut lub do momentu, aż będą puszyste i złociste. W połowie pieczenia obrócić foremki.

g) Aby przygotować nadzienie, dodaj okruchy krakersa graham do bitej śmietany.

h) Po ostygnięciu eklerów napełnij bitą śmietaną za pomocą długiej, wąskiej końcówki.

70. Eklery miętowe

SKŁADNIKI:
NA PATE A CHOUX:
- 1/2 szklanki niesolonego masła
- 1 szklanka wody
- 1/4 łyżeczki soli
- 1 Mąkę o wszechstronnym przeznaczeniu
- 4 duże jajka

DO NADZIENIA MIĘTOWEGO:
- 1/2 szklanki niesolonego masła, zmiękczonego
- 4 uncje serka śmietankowego, zmiękczonego
- 1/2 szklanki słodzonego skondensowanego mleka
- 1 1/2 szklanki ciężkiej śmietany, schłodzonej
- 1 szklanka cukru pudru (opcjonalnie)
- 1 łyżeczka wanilii
- 1/4 łyżeczki olejku miętowego

DO PRZYBRANIA:
- 1 1/2 szklanki roztopionej białej czekolady
- 1/2 szklanki pokruszonych lasek cukierków
- Czerwony barwnik spożywczy (opcjonalnie)

INSTRUKCJE:
NA PATE A CHOUX:
a) Rozgrzej piekarnik do 218°C i wyłóż blachę do pieczenia papierem pergaminowym.
b) W rondelku roztapiamy masło, dodajemy wodę i sól, doprowadzamy do wrzenia.
c) Dodajemy mąkę, mieszamy, aż powstanie kula ciasta. Pozostawić do ostygnięcia na 20 minut.
d) Stopniowo dodawaj jajka, jedno po drugim, dobrze mieszając po każdym dodaniu.
e) Przenieść ciasto do rękawa cukierniczego i wycisnąć eklery o średnicy od 4 do 6 cali na blachę do pieczenia.
f) Piec w temperaturze 218°C przez 10 minut, następnie zmniejszyć temperaturę do 190°C i piec przez 40-45 minut na złoty kolor. Nie otwieraj drzwi piekarnika.

DO WYPEŁNIENIA:
g) Miękkie masło i serek ubić na gładką masę.
h) Dodać słodzone mleko skondensowane, miksować do uzyskania kremowej konsystencji.
i) Dodaj schłodzoną śmietankę, wanilię i olejek miętowy. Mieszaj, aż utworzą się sztywne szczyty.

MONTAŻ ECLAIRÓW:
j) Całkowicie ostudzić eklery i zrobić dziury do wypełnienia.
k) Nadzienie przełożyć do rękawa cukierniczego z końcówką do napełniania i napełniać eklery, aż z końcówek zacznie wypływać krem.
l) Do dekoracji zanurz eklery w roztopionej białej czekoladzie, a następnie posyp pokruszonymi laskami cukierków.
m) Opcjonalnie możesz zarezerwować 1 szklankę bitej śmietany, dodać czerwony barwnik spożywczy i wycisnąć na zwykłe eklery. Udekoruj pokruszonymi laskami cukierków.
n) Jeśli nie zostanie spożyty w ciągu kilku godzin, należy go przechowywać w lodówce. Najlepiej smakuje w ciągu 2-3 dni.

71. Eklery z chrupiącym toffi

SKŁADNIKI:
NA CIASTO CHOUX:
- 1 szklanka wody
- 1/2 szklanki niesolonego masła
- 1 Mąkę o wszechstronnym przeznaczeniu
- 4 duże jajka

DO WYPEŁNIENIA:
- 2 szklanki kremu cukierniczego o smaku toffi

NA KRUSZĄCZKĘ TOFFEE:
- 1 szklanka kawałków toffi lub pokruszonych cukierków toffi
- 1/2 szklanki posiekanych orzechów (np. migdałów lub orzechów pekan)

DO SZKLIWIENIA:
- 1/2 szklanki gorzkiej czekolady, posiekanej
- 1/4 szklanki niesolonego masła
- 1 szklanka cukru pudru
- 1/4 szklanki gorącej wody

INSTRUKCJE:
CIASTO CHOUX:
a) Rozgrzej piekarnik do 190°C i wyłóż blachę do pieczenia papierem pergaminowym.
b) W rondlu połącz wodę i masło. Podgrzewaj na średnim ogniu, aż masło się roztopi i mieszanina zagotuje.
c) Zdejmij z ognia, dodaj mąkę i energicznie mieszaj, aż mieszanina utworzy kulę.
d) Pozostaw ciasto do ostygnięcia na kilka minut, następnie dodawaj po jednym jajku, dobrze ubijając po każdym dodaniu.
e) Ciasto przełożyć do rękawa cukierniczego i wycisnąć eklery na przygotowaną blachę.
f) Piec przez około 30 minut lub do złotego koloru. Pozwól ostygnąć.

POŻYWNY:
g) Przygotuj krem do ciasta o smaku toffi. Możesz dodać ekstrakt toffi lub pokruszone kawałki toffi do klasycznego przepisu na krem do ciasta lub użyć gotowego kremu do ciasta o smaku toffi.

h) Napełnij eklery kremem cukierniczym o smaku toffi za pomocą rękawa cukierniczego lub małej łyżeczki.

KRUSZĄCA POWIERZCHNIA TOFFEE:
i) W misce wymieszaj kawałki toffi i posiekane orzechy.
j) Posyp obficie chrupiącą polewą toffi na nadziewane eklery, zapewniając równomierne pokrycie.

GLAZURA:
k) W żaroodpornej misce rozpuść ciemną czekoladę z masłem na podwójnym bojlerze.
l) Zdejmij z ognia, dodaj cukier puder i stopniowo dodawaj gorącą wodę, aż masa będzie gładka.
m) Zanurz wierzch każdego eklera w polewie z ciemnej czekolady, zapewniając równomierne pokrycie. Pozwól, aby nadmiar spłynął.
n) Połóż oszklone eklery na blasze i pozostaw do ostygnięcia, aż czekolada stwardnieje.
o) Podawaj schłodzone i delektuj się słodką i chrupiącą dobrocią Toffee Crunch Éclairs!

72. Eklery z waty cukrowej

SKŁADNIKI:
NA CIASTO CHOUX:
- 1 szklanka wody
- 1/2 szklanki niesolonego masła
- 1 Mąkę o wszechstronnym przeznaczeniu
- 4 duże jajka

DO WYPEŁNIENIA:
- 2 szklanki kremu cukierniczego o smaku waty cukrowej

DO DEKOROWANIA Z Waty Cukrowej:
- Wata cukrowa do posypania

DO SZKLIWIENIA:
- 1/2 szklanki białej czekolady, posiekanej
- 1/4 szklanki niesolonego masła
- 1 szklanka cukru pudru
- 1/4 szklanki gorącej wody

INSTRUKCJE:
CIASTO CHOUX:
a) Rozgrzej piekarnik do 190°C i wyłóż blachę do pieczenia papierem pergaminowym.
b) W rondlu połącz wodę i masło. Podgrzewaj na średnim ogniu, aż masło się roztopi i mieszanina zagotuje.
c) Zdejmij z ognia, dodaj mąkę i energicznie mieszaj, aż mieszanina utworzy kulę.
d) Pozostaw ciasto do ostygnięcia na kilka minut, następnie dodawaj po jednym jajku, dobrze ubijając po każdym dodaniu.
e) Ciasto przełożyć do rękawa cukierniczego i wycisnąć eklery na przygotowaną blachę.
f) Piec przez około 30 minut lub do złotego koloru. Pozwól ostygnąć.

POŻYWNY:
g) Przygotuj krem do ciast o smaku waty cukrowej. Możesz dodać aromat waty cukrowej lub pokruszoną watę cukrową do klasycznego przepisu na krem do ciasta lub użyć gotowego kremu do ciasta o smaku waty cukrowej.
h) Napełnij eklery kremem cukierniczym o smaku waty cukrowej za pomocą rękawa cukierniczego lub małej łyżki.

Dekoracja z waty cukrowej:
i) Tuż przed podaniem posyp każdy ekler pęczkiem waty cukrowej, aby nadać mu fantazyjny akcent.

GLAZURA:
j) W żaroodpornej misce rozpuść białą czekoladę z masłem na podwójnym bojlerze.
k) Zdejmij z ognia, dodaj cukier puder i stopniowo dodawaj gorącą wodę, aż masa będzie gładka.
l) Zanurz wierzch każdego eklera w polewie z białej czekolady, zapewniając równomierne pokrycie. Pozwól, aby nadmiar spłynął.
m) Połóż oszklone eklery na blasze i poczekaj aż ostygną, aż biała czekolada stwardnieje.
n) Podawaj schłodzone i poczuj słodką nostalgię za eklerami z waty cukrowej!

73. Eklery Rocky Road

SKŁADNIKI:
NA CIASTO CHOUX:
- 1 szklanka wody
- 1/2 szklanki niesolonego masła
- 1 Mąkę o wszechstronnym przeznaczeniu
- 4 duże jajka

DO WYPEŁNIENIA:
- 2 szklanki musu czekoladowego lub kremu cukierniczego o smaku czekoladowym

DO POWIERZCHNI KAMIENNEJ DROGI:
- 1 szklanka mini pianek marshmallow
- 1/2 szklanki posiekanych orzechów (np. migdałów lub orzechów włoskich)
- 1/2 szklanki chipsów lub kawałków czekolady

NA LAKIERĘ CZEKOLADOWĄ:
- 1/2 szklanki gorzkiej czekolady, posiekanej
- 1/4 szklanki niesolonego masła
- 1 szklanka cukru pudru
- 1/4 szklanki gorącej wody

INSTRUKCJE:
CIASTO CHOUX:
a) Rozgrzej piekarnik do 190°C i wyłóż blachę do pieczenia papierem pergaminowym.
b) W rondlu połącz wodę i masło. Podgrzewaj na średnim ogniu, aż masło się roztopi i mieszanina zagotuje.
c) Zdejmij z ognia, dodaj mąkę i energicznie mieszaj, aż mieszanina utworzy kulę.
d) Pozostaw ciasto do ostygnięcia na kilka minut, następnie dodawaj po jednym jajku, dobrze ubijając po każdym dodaniu.
e) Ciasto przełożyć do rękawa cukierniczego i wycisnąć eklery na przygotowaną blachę.
f) Piec przez około 30 minut lub do złotego koloru. Pozwól ostygnąć.

POŻYWNY:

g) Przygotuj mus czekoladowy lub krem do ciast o smaku czekoladowym. Możesz skorzystać z gotowej wersji lub stworzyć własną, według własnych upodobań.
h) Napełnij eklery musem czekoladowym lub kremem cukierniczym o smaku czekoladowym za pomocą rękawa cukierniczego lub małej łyżeczki.

WYPEŁNIENIE KAMIENNEJ DROGI:

i) W misce wymieszaj mini pianki marshmallow, posiekane orzechy i kawałki czekolady.
j) Obficie posyp nadziewane eklery kamienistą nawierzchnią, zapewniając równomierne pokrycie.

POLEWĄ CZEKOLADOWĄ:

k) W żaroodpornej misce rozpuść ciemną czekoladę z masłem na podwójnym bojlerze.
l) Zdejmij z ognia, dodaj cukier puder i stopniowo dodawaj gorącą wodę, aż masa będzie gładka.
m) Zanurz wierzch każdego eklera w polewie czekoladowej, zapewniając równomierne pokrycie. Pozwól, aby nadmiar spłynął.
n) Połóż oszklone eklery na blasze i pozostaw do ostygnięcia, aż czekolada stwardnieje.
o) Podawaj schłodzone i ciesz się zachwycającym połączeniem tekstur i smaków w eklerach Rocky Road!

74. Eklery z gumy balonowej

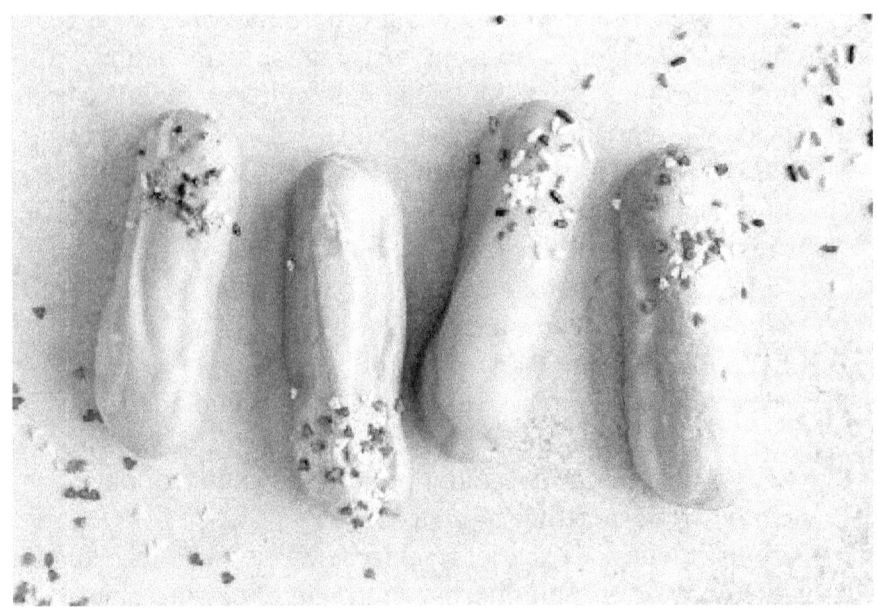

SKŁADNIKI:
NA CIASTO CHOUX:
- 1 szklanka wody
- 1/2 szklanki niesolonego masła
- 1 Mąkę o wszechstronnym przeznaczeniu
- 4 duże jajka

DO WYPEŁNIENIA:
- 2 szklanki kremu cukierniczego o smaku gumy balonowej

DO GLASY GUMOWEJ :
- 1 szklanka cukru pudru
- 2-3 łyżki mleka
- 1-2 łyżeczki ekstraktu lub aromatu z gumy balonowej (dostosuj do smaku)
- Barwnik spożywczy różowy lub niebieski (opcjonalnie)

INSTRUKCJE:
CIASTO CHOUX:
a) Rozgrzej piekarnik do 190°C i wyłóż blachę do pieczenia papierem pergaminowym.
b) W rondlu połącz wodę i masło. Podgrzewaj na średnim ogniu, aż masło się roztopi i mieszanina zagotuje.
c) Zdejmij z ognia, dodaj mąkę i energicznie mieszaj, aż mieszanina utworzy kulę.
d) Pozostaw ciasto do ostygnięcia na kilka minut, następnie dodawaj po jednym jajku, dobrze ubijając po każdym dodaniu.
e) Ciasto przełożyć do rękawa cukierniczego i wycisnąć eklery na przygotowaną blachę.
f) Piec przez około 30 minut lub do złotego koloru. Pozwól ostygnąć.

POŻYWNY:
g) Przygotuj krem do ciasta o smaku gumy balonowej. Dodaj ekstrakt lub aromat gumy balonowej do klasycznego przepisu na krem do ciasta lub użyj gotowego kremu do ciasta o smaku gumy balonowej.
h) Napełnij eklery kremem cukierniczym o smaku gumy balonowej za pomocą rękawa cukierniczego lub małej łyżki.

GLAZA Z GUMY BĄBELOWEJ:

i) W misce wymieszaj cukier puder, mleko i ekstrakt z gumy balonowej. Mieszaj, aż będzie gładkie.
j) W razie potrzeby dodaj kilka kropli różowego lub niebieskiego barwnika spożywczego, aby uzyskać kolor gumy balonowej.
k) Zanurz wierzch każdego eklera w polewie z gumy balonowej, zapewniając równomierne pokrycie. Pozwól, aby nadmiar spłynął.
l) Połóż oszklone eklery na blasze i pozostaw do ostygnięcia, aż lukier stwardnieje.
m) Podawaj schłodzone i poznaj zabawny i niepowtarzalny smak eklerów gumy balonowej!

75. Kwaśne eklery cytrusowe

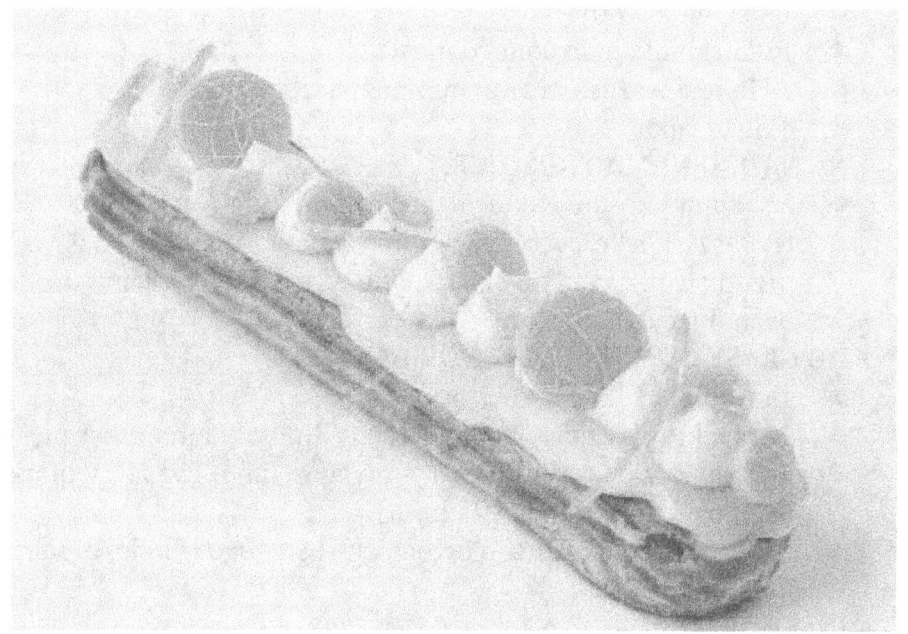

SKŁADNIKI:
NA CIASTO CHOUX:
- 1 szklanka wody
- 1/2 szklanki niesolonego masła
- 1 Mąkę o wszechstronnym przeznaczeniu
- 4 duże jajka

NA NADZIENIE CYTRUSOWE:
- 2 szklanki kremu cukierniczego z dodatkiem cytrusów
- (Połącz skórkę cytryny, limonki i pomarańczy w klasycznym przepisie na krem do ciasta lub użyj gotowego kremu do ciasta o smaku cytrusowym.)

DO GLASY CYTRUSOWEJ SOUR PATCH:
- 1 szklanka cukru pudru
- 2-3 łyżki soku z cytrusów (cytryny, limonki lub pomarańczy)
- 1-2 łyżeczki kwasu cytrynowego lub kwasu winowego (dostosuj do smaku kwaśności)
- Skórka otarta z jednego owocu cytrusowego (do dekoracji)

INSTRUKCJE:
CIASTO CHOUX:
a) Rozgrzej piekarnik do 190°C i wyłóż blachę do pieczenia papierem pergaminowym.
b) W rondlu połącz wodę i masło. Podgrzewaj na średnim ogniu, aż masło się roztopi i mieszanina zagotuje.
c) Zdejmij z ognia, dodaj mąkę i energicznie mieszaj, aż mieszanina utworzy kulę.
d) Pozostaw ciasto do ostygnięcia na kilka minut, następnie dodawaj po jednym jajku, dobrze ubijając po każdym dodaniu.
e) Ciasto przełożyć do rękawa cukierniczego i wycisnąć eklery na przygotowaną blachę do pieczenia.
f) Piec przez około 30 minut lub do złotego koloru. Pozwól ostygnąć.

NADZIENIE CYTRUSOWE:
g) Przygotuj krem do ciasta na bazie cytrusów. Połącz skórkę z cytryny, limonki i pomarańczy w klasycznym przepisie na krem do ciasta lub użyj gotowego kremu do ciasta o smaku cytrusowym.

h) Napełnij eklery kremem cukierniczym z dodatkiem cytrusów za pomocą rękawa cukierniczego lub małej łyżki.

GLAZA CYTRUSOWA SOUR Patch:

i) W misce wymieszaj cukier puder, sok z cytrusów i kwasek cytrynowy. Mieszaj, aż będzie gładkie. Dostosuj kwas cytrynowy, aby uzyskać pożądany poziom kwasowości.
j) Zanurz wierzch każdego eklera w kwaśnej glazurze cytrusowej, zapewniając równomierne pokrycie. Pozwól, aby nadmiar spłynął.
k) Posyp skórką z owoców cytrusowych glazurowane eklery dla dekoracji.
l) Połóż oszklone eklery na blasze i pozostaw do ostygnięcia, aż lukier stwardnieje.
m) Podawaj schłodzone i ciesz się pikantnym i pikantnym smakiem eklerów cytrusowych Sour Patch!

76.Eklery dla miłośników lukrecji

SKŁADNIKI:
NA CIASTO CHOUX:
- 1 szklanka wody
- 1/2 szklanki niesolonego masła
- 1 Mąkę o wszechstronnym przeznaczeniu
- 4 duże jajka

DO WYPEŁNIENIA:
- 2 szklanki kremu cukierniczego o smaku lukrecji

DO LAKIERY LUKRECYJNEJ:
- 1 szklanka cukru pudru
- 2-3 łyżki syropu lub ekstraktu z lukrecji
- Czarny barwnik spożywczy (opcjonalnie, dla koloru)
- Woda (w miarę potrzeby do uzyskania konsystencji)

INSTRUKCJE:
CIASTO CHOUX:
a) Rozgrzej piekarnik do 190°C i wyłóż blachę do pieczenia papierem pergaminowym.
b) W rondlu połącz wodę i masło. Podgrzewaj na średnim ogniu, aż masło się roztopi i mieszanina zagotuje.
c) Zdejmij z ognia, dodaj mąkę i energicznie mieszaj, aż mieszanina utworzy kulę.
d) Pozostaw ciasto do ostygnięcia na kilka minut, następnie dodawaj po jednym jajku, dobrze ubijając po każdym dodaniu.
e) Ciasto przełożyć do rękawa cukierniczego i wycisnąć eklery na przygotowaną blachę do pieczenia.
f) Piec przez około 30 minut lub do złotego koloru. Pozwól ostygnąć.

POŻYWNY:
g) Przygotuj krem do ciasta o smaku lukrecji. Dodaj syrop lub ekstrakt lukrecjowy do klasycznego przepisu na krem do ciasta lub użyj gotowego kremu do ciasta o smaku lukrecji.
h) Napełnij eklery kremem cukierniczym o smaku lukrecji za pomocą rękawa cukierniczego lub małej łyżki.

Glazura lukrecjowa:
i) W misce wymieszaj cukier puder z syropem lub ekstraktem z lukrecji. Stopniowo dodawaj wodę, aż do uzyskania pożądanej konsystencji glazury.
j) W razie potrzeby dodaj czarny barwnik spożywczy, aby uzyskać głęboki kolor lukrecji.
k) Zanurz wierzch każdego eklera w glazurze lukrecjowej, zapewniając równomierne pokrycie. Pozwól, aby nadmiar spłynął.
l) Połóż oszklone eklery na blasze i pozostaw do ostygnięcia, aż lukier stwardnieje.
m) Podawaj schłodzone i poznaj odważny i niepowtarzalny smak eklerów Licorice Lovers!

eklerki o smaku kawy

77.Eklery Cappuccino

SKŁADNIKI:

- 1 partia muszelek z ciasta eklerowego domowej roboty lub kupionych w sklepie
- 1 szklanka gęstej śmietanki
- 2 łyżki granulatu kawy rozpuszczalnej
- ¼ szklanki cukru pudru
- ½ łyżeczki ekstraktu waniliowego
- ¼ szklanki kakao (do posypania)

INSTRUKCJE:

a) Przygotować muszle z ciasta eklerowego zgodnie z przepisem lub instrukcją na opakowaniu i pozostawić do ostygnięcia.
b) W małej misce rozpuść granulki kawy rozpuszczalnej w kilku łyżkach gorącej wody. Pozwól mu ostygnąć.
c) W osobnej misce ubij śmietankę, cukier puder i ekstrakt waniliowy, aż masa będzie sztywna.
d) Delikatnie wymieszaj mieszankę kawową z ubitą śmietaną.
e) Każdą skorupkę eklera przekrój poziomo na pół i wypełnij bitą śmietaną o smaku kawowym.
f) Wierzch eklerów posyp kakao.
g) Podawaj i ciesz się domowymi eklerami cappuccino!

78. Eklery tiramisu

SKŁADNIKI:
CIASTO ECLAIROWE:
- 3 duże jajka w temperaturze pokojowej
- 1/2 szklanki wody
- 4 1/2 łyżki niesolonego masła, pokrojonego w 1/2-calową kostkę
- 3 łyżki granulowanego cukru
- 3/4 szklanki przesianej mąki uniwersalnej
- 1 łyżka kawy rozpuszczalnej
- 1 1/2 łyżeczki mielonego cynamonu

NADZIENIE Z MASKARPONE:
- 8 uncji sera mascarpone
- 1/2 szklanki gęstej śmietanki
- 6 łyżek cukru pudru
- 2 łyżki jasnego rumu

GLAZURA:
- 1/2 szklanki cukru pudru
- 5 łyżek gęstej śmietanki

INSTRUKCJE:
CIASTO ECLAIROWE:
a) Rozgrzej piekarnik do 425 stopni F. Wyłóż dwie blachy do pieczenia pergaminem do pieczenia.
b) W szklanej miarce wymieszaj jajka, aż się połączą. Zarezerwuj 2 łyżki ubitych jajek w małej filiżance.
c) W średnio ciężkim rondlu wymieszaj wodę, masło i cukier. Podgrzewaj na średnim ogniu, aż masło się roztopi.
d) Zwiększ ogień do średnio-wysokiego i doprowadź mieszaninę do wrzenia. Zdjąć z ognia.
e) Używając trzepaczki drucianej, wymieszaj mąkę, kawę rozpuszczalną i cynamon. Mieszaj energicznie przez 20 do 30 sekund, aż mieszanina będzie gładka i zacznie odchodzić od ścianek patelni.
f) Ponownie postaw patelnię na ogniu, ciągle mieszając drewnianą łyżką. Gotuj przez 30 do 60 sekund, aż pasta utworzy bardzo gładką kulę. Przełóż pastę do dużej miski.

g) Wlać zarezerwowaną 1/2 szklanki ubitych jaj na pastę i energicznie ubijać drewnianą łyżką przez 45 do 60 sekund, aż mieszanina utworzy gładkie, miękkie ciasto. Ciasto powinno zachować swój kształt po nabraniu łyżką, ale być na tyle miękkie, aby powoli zsuwać się z łyżki po przechyleniu.
h) Napełnij rękaw cukierniczy z gładką końcówką o średnicy 5/16 cala ciastem eclair. Wytnij 5-calowe paski o szerokości około 1/2 cala na przygotowanych blachach do pieczenia, pozostawiając około 1 1/2 cala między eklerami.
i) Wierzch eklerów lekko posmaruj pozostałym ubitym jajkiem.
j) Piecz eklery przez 10 minut, następnie zmniejsz temperaturę piekarnika do 150 stopni F. Kontynuuj pieczenie przez 20 do 25 minut, aż będą chrupiące. Eklery przełóż na metalową kratkę i całkowicie ostudź.

NADZIENIE Z MASKARPONE:
k) W dużej misce wymieszaj serek mascarpone, śmietankę i cukier na gładką masę.
l) Wymieszaj rum.

GLAZURA:
m) W małej misce połącz cukier puder z gęstą śmietaną. Mieszaj, aż będzie gładkie.

MONTAŻ I POKRYCIE ECLAIRÓW:
n) Eklery przekrój na pół i usuń wilgotne ciasto.
o) Do każdego eklera nałóż około trzech łyżek nadzienia mascarpone.
p) Wymień górę każdego eklera.
q) Rozsmaruj glazurę na wierzchu każdego eklera.
r) Posypać przesianym kakao i według uznania udekorować bitą śmietaną.

79. Eklery Mokka

SKŁADNIKI:
CIASTO CHOUX:
- 1 ciasto parzone

KREM KAWOWY PATISSIERE:
- 2 łyżeczki ekstraktu waniliowego
- 500ml Mleka
- 120 g cukru
- 50 g mąki zwykłej
- 120 g żółtek jaj (około 6 jajek)
- 60 ml espresso
- Kawa rozpuszczalna 10 g

CZEKOLADOWY KRAQUELIN:
- 80 g mąki zwykłej
- 10 g proszku kakaowego
- 90 g cukru pudru
- 75 g niesolonego masła (w kostce)

LUK CZEKOLADOWY:
- 500 g cukru pudru do fondantu
- 50 g gorzkiej czekolady (roztopionej)
- Woda

DO DEKORACJI:
- Ziarna kawy
- Nibsy kakaowe

INSTRUKCJE:
CIASTO CHOUX:

a) Rozgrzej piekarnik do 200°C (z termoobiegiem 180°C) i wyłóż blachę do pieczenia papierem pergaminowym.

b) Przygotuj ciasto parzone według ulubionego przepisu lub, jeśli wolisz, używając ciasta kupionego w sklepie.

c) Wyciśnij ciasto choux na formę eklerów na przygotowanej blasze. Piec na złoty kolor i napuszenie. Pozwól ostygnąć.

KREM KAWOWY PATISSIERE:

d) W rondlu wymieszaj mleko, cukier, ekstrakt waniliowy, mąkę pszenną i kawę rozpuszczalną. Ubijaj, aż będzie gładka.

e) Podgrzewaj mieszaninę na średnim ogniu, ciągle mieszając, aż zgęstnieje.

f) W osobnej misce ubij żółtka. Stopniowo dodawaj po łyżce gorącej mieszanki mlecznej do żółtek, cały czas ubijając.
g) Wlej mieszaninę żółtek z powrotem do rondla i kontynuuj gotowanie, aż krem będzie gęsty.
h) Zdejmij z ognia i dodaj espresso. Zostaw do schlodzenia.

CZEKOLADOWY KRAQUELIN:
i) W misce wymieszaj mąkę pszenną, kakao w proszku, cukier puder i pokrojone w kostkę niesolone masło, aż powstanie ciasto.
j) Rozwałkuj ciasto pomiędzy dwoma arkuszami papieru pergaminowego na żądaną grubość.
k) Ciasto schłodzić w lodówce, aż będzie twarde. Gdy masa będzie już twarda, wycinać krążki i układać je na wierzchu eklerów.

LUK CZEKOLADOWY:
l) Rozpuść gorzką czekoladę i pozwól jej lekko ostygnąć.
m) W misce wymieszaj cukier puder fondant i roztopioną czekoladę. Stopniowo dodawaj wodę, aż uzyskasz gładką, lejącą konsystencję.

MONTAŻ:
n) Ostudzone eklery przekrój poziomo na pół.
o) Napełnij rękaw cukierniczy kawowym creme patissiere i wyciśnij go na dolną połowę każdego eklera.
p) Połóż czekoladowy craquelin na wierzchu kremu patissiere.
q) Zanurz wierzch każdego eklera w polewie czekoladowej, pozwalając, aby nadmiar spłynął.
r) Pozwól, aby lukier czekoladowy zastygł.
s) Udekoruj ziarnami kawy i kawałkami kakao.

80. Eklery z chrupiącymi ziarnami espresso

SKŁADNIKI:
NA CIASTO CHOUX:
- 1 szklanka wody
- 1/2 szklanki niesolonego masła
- 1 Mąkę o wszechstronnym przeznaczeniu
- 4 duże jajka

DO WYPEŁNIENIA:
- 2 szklanki kremu cukierniczego o smaku kawowym

NA KRUSZĄCĄ POWIERZCHNIĘ Z ZIAREN ESPRESSO:
- 1/2 szklanki ziaren espresso w czekoladzie, drobno posiekanych

DO glazury do kawy:
- 1/2 szklanki gorzkiej czekolady, posiekanej
- 1/4 szklanki niesolonego masła
- 1 szklanka cukru pudru
- 1-2 łyżki zaparzonej mocnej kawy lub espresso

INSTRUKCJE:
CIASTO CHOUX:
a) Rozgrzej piekarnik do 190°C i wyłóż blachę do pieczenia papierem pergaminowym.
b) W rondlu połącz wodę i masło. Podgrzewaj na średnim ogniu, aż masło się roztopi i mieszanina zagotuje.
c) Zdejmij z ognia, dodaj mąkę i energicznie mieszaj, aż mieszanina utworzy kulę.
d) Pozostaw ciasto do ostygnięcia na kilka minut, następnie dodawaj po jednym jajku, dobrze ubijając po każdym dodaniu.
e) Ciasto przełożyć do rękawa cukierniczego i wycisnąć eklery na przygotowaną blachę do pieczenia.
f) Piec przez około 30 minut lub do złotego koloru. Pozwól ostygnąć.

POŻYWNY:
g) Przygotuj krem do ciasta o smaku kawowym. Dodaj kawę lub espresso do klasycznego przepisu na krem do ciasta lub użyj gotowego kremu do ciasta o smaku kawowym.
h) Napełnij eklery kremem ciasteczkowym o smaku kawowym za pomocą rękawa cukierniczego lub małej łyżeczki.

i) Posypka do chrupania ziaren espresso:
j) Drobno posiekaj ziarna espresso w czekoladzie.
k) Posyp obficie posiekanymi ziarnami espresso na napełnione eklery, zapewniając równomierne pokrycie.

Glazura Kawowa:

l) W żaroodpornej misce rozpuść ciemną czekoladę z masłem na podwójnym bojlerze.
m) Zdjąć z ognia, dodać cukier puder i stopniowo dodawać zaparzoną mocną kawę lub espresso, aż masa będzie gładka.
n) Zanurz wierzch każdego eklera w kawowej polewie, zapewniając równomierne pokrycie. Pozwól, aby nadmiar spłynął.
o) Połóż oszklone eklery na blasze i pozostaw do ostygnięcia, aż czekolada stwardnieje.
p) Podawaj schłodzone i rozkoszuj się zachwycającym połączeniem smaku kawy i chrupiącej polewy z ziaren espresso w eklerach Espresso Bean Crunch!

81.Irlandzkie eklery kawowe

SKŁADNIKI:
NA CIASTO CHOUX:
- 1 szklanka wody
- 1/2 szklanki niesolonego masła
- 1 Mąkę o wszechstronnym przeznaczeniu
- 4 duże jajka

DO WYPEŁNIENIA:
- 2 szklanki kremu cukierniczego o smaku kawy irlandzkiej
- (Połącz kawę, śmietankę irlandzką i odrobinę whisky w klasycznym przepisie na krem do ciasta lub użyj gotowego kremu do ciasta o smaku irlandzkiej kawy.)

DO Irlandzkiej Glazury Kawowej:
- 1/2 szklanki białej czekolady, posiekanej
- 1/4 szklanki niesolonego masła
- 1 szklanka cukru pudru
- 1-2 łyżki kremu irlandzkiego

INSTRUKCJE:
CIASTO CHOUX:
a) Rozgrzej piekarnik do 190°C i wyłóż blachę do pieczenia papierem pergaminowym.
b) W rondlu połącz wodę i masło. Podgrzewaj na średnim ogniu, aż masło się roztopi i mieszanina zagotuje.
c) Zdejmij z ognia, dodaj mąkę i energicznie mieszaj, aż mieszanina utworzy kulę.
d) Pozostaw ciasto do ostygnięcia na kilka minut, następnie dodawaj po jednym jajku, dobrze ubijając po każdym dodaniu.
e) Ciasto przełożyć do rękawa cukierniczego i wycisnąć eklery na przygotowaną blachę do pieczenia.
f) Piec przez około 30 minut lub do złotego koloru. Pozwól ostygnąć.

POŻYWNY:
g) Przygotuj krem do ciasta o smaku kawy irlandzkiej. Połącz kawę, śmietankę irlandzką i odrobinę whisky w klasycznym przepisie na krem do ciasta lub użyj gotowego kremu do ciasta o smaku irlandzkiej kawy.

h) Napełnij eklery kremem cukierniczym o smaku kawy irlandzkiej za pomocą rękawa cukierniczego lub małej łyżeczki.

Irlandzka glazura kawowa:

i) W żaroodpornej misce rozpuść czekoladę z masłem na podwójnym bojlerze.
j) Zdjąć z ognia, dodać cukier puder i stopniowo dodawać śmietankę irlandzką, aż masa będzie gładka.
k) Zanurz wierzch każdego eklera w glazurze z kawy irlandzkiej, zapewniając równomierne pokrycie. Pozwól, aby nadmiar spłynął.
l) Połóż oszklone eklery na blasze i pozostaw do ostygnięcia, aż czekolada stwardnieje.
m) Podawaj schłodzone i ciesz się bogatym i rozkosznym smakiem irlandzkich eklerów kawowych!

82. Waniliowe latte eklery

SKŁADNIKI:
NA CIASTO CHOUX:
- 1 szklanka wody
- 1/2 szklanki niesolonego masła
- 1 Mąkę o wszechstronnym przeznaczeniu
- 4 duże jajka

DO WYPEŁNIENIA:
- 2 szklanki kremu cukierniczego o smaku waniliowym latte
- (Połącz ekstrakt waniliowy i mocną parzoną kawę lub espresso w klasycznym przepisie na krem do ciasta lub użyj gotowego kremu do ciasta o smaku waniliowym latte.)

DO glazury do kawy:
- 1/2 szklanki gorzkiej czekolady, posiekanej
- 1/4 szklanki niesolonego masła
- 1 szklanka cukru pudru
- 1-2 łyżki zaparzonej mocnej kawy lub espresso

INSTRUKCJE:
CIASTO CHOUX:
a) Rozgrzej piekarnik do 190°C i wyłóż blachę do pieczenia papierem pergaminowym.
b) W rondlu połącz wodę i masło. Podgrzewaj na średnim ogniu, aż masło się roztopi i mieszanina zagotuje.
c) Zdejmij z ognia, dodaj mąkę i energicznie mieszaj, aż mieszanina utworzy kulę.
d) Pozostaw ciasto do ostygnięcia na kilka minut, następnie dodawaj po jednym jajku, dobrze ubijając po każdym dodaniu.
e) Ciasto przełożyć do rękawa cukierniczego i wycisnąć eklery na przygotowaną blachę do pieczenia.
f) Piec przez około 30 minut lub do złotego koloru. Pozwól ostygnąć.

POŻYWNY:
g) Przygotuj krem do ciasta o smaku waniliowym latte. Połącz ekstrakt waniliowy z mocną parzoną kawą lub espresso w klasycznym przepisie na krem do ciasta lub użyj gotowego kremu do ciasta o smaku waniliowym latte.

h) Napełnij eklery kremem cukierniczym o smaku waniliowym latte za pomocą rękawa cukierniczego lub małej łyżki.

Glazura Kawowa:

i) W żaroodpornej misce rozpuść ciemną czekoladę z masłem na podwójnym bojlerze.
j) Zdjąć z ognia, dodać cukier puder i stopniowo dodawać zaparzoną mocną kawę lub espresso, aż masa będzie gładka.
k) Zanurz wierzch każdego eklera w kawowej polewie, zapewniając równomierne pokrycie. Pozwól, aby nadmiar spłynął.
l) Połóż oszklone eklery na blasze i pozostaw do ostygnięcia, aż czekolada stwardnieje.
m) Podawaj schłodzone i ciesz się harmonijnym połączeniem aromatów wanilii i kawy w Vanilla Latte Éclairs!

83. Eklery karmelowe Macchiato

SKŁADNIKI:
NA CIASTO CHOUX:
- 1 szklanka wody
- 1/2 szklanki niesolonego masła
- 1 Mąkę o wszechstronnym przeznaczeniu
- 4 duże jajka

DO WYPEŁNIENIA:
- 2 szklanki kremu cukierniczego o smaku karmelowym macchiato
- (Połącz sos karmelowy i mocną parzoną kawę lub espresso w klasycznym przepisie na krem do ciasta lub użyj gotowego kremu do ciasta o smaku karmelowym macchiato.)

DO LAZURY KARMELOWEJ:
- 1/2 szklanki sosu karmelowego
- 1/4 szklanki niesolonego masła
- 1 szklanka cukru pudru
- 1-2 łyżki zaparzonej mocnej kawy lub espresso

INSTRUKCJE:
CIASTO CHOUX:
a) Rozgrzej piekarnik do 190°C i wyłóż blachę do pieczenia papierem pergaminowym.
b) W rondlu połącz wodę i masło. Podgrzewaj na średnim ogniu, aż masło się roztopi i mieszanina zagotuje.
c) Zdejmij z ognia, dodaj mąkę i energicznie mieszaj, aż mieszanina utworzy kulę.
d) Pozostaw ciasto do ostygnięcia na kilka minut, następnie dodawaj po jednym jajku, dobrze ubijając po każdym dodaniu.
e) Ciasto przełożyć do rękawa cukierniczego i wycisnąć eklery na przygotowaną blachę do pieczenia.
f) Piec przez około 30 minut lub do złotego koloru. Pozwól ostygnąć.

POŻYWNY:
g) Przygotuj krem ciasto karmelowy o smaku macchiato. Połącz sos karmelowy z mocną parzoną kawą lub espresso w klasycznym przepisie na krem do ciasta lub użyj gotowego kremu do ciasta o smaku karmelowym macchiato.

h) Napełnij eklery kremem cukierniczym o smaku karmelowym macchiato za pomocą rękawa cukierniczego lub małej łyżeczki.

LAZURA KARMELOWA:

i) W rondelku połącz sos karmelowy z masłem. Podgrzewaj na średnim ogniu, aż mieszanina będzie gładka.
j) Zdjąć z ognia, dodać cukier puder i stopniowo dodawać zaparzoną mocną kawę lub espresso, aż masa będzie gładka.
k) Zanurz wierzch każdego eklera w karmelowej glazurze, zapewniając równomierne pokrycie. Pozwól, aby nadmiar spłynął.
l) Połóż oszklone eklery na blasze i pozostaw do ostygnięcia, aż karmel stwardnieje.

84. Eklery kawowe z orzechami laskowymi

SKŁADNIKI:
NA CIASTO CHOUX:
- 1 szklanka wody
- 1/2 szklanki niesolonego masła
- 1 Mąkę o wszechstronnym przeznaczeniu
- 4 duże jajka

DO WYPEŁNIENIA:
- 2 szklanki kremu cukierniczego o smaku orzechowo-kawowym
- (Połącz ekstrakt z orzechów laskowych i mocną parzoną kawę lub espresso w klasyczny przepis na krem do ciasta lub użyj gotowego kremu do ciasta o smaku kawy z orzechów laskowych.)

NA POWIERZCHNĘ KAWOWĄ Z ORZECHÓW LASKOWYCH:
- 1/2 szklanki gorzkiej czekolady, posiekanej
- 1/4 szklanki niesolonego masła
- 1 szklanka cukru pudru
- 1-2 łyżki zaparzonej mocnej kawy z orzechów laskowych lub espresso

INSTRUKCJE:
CIASTO CHOUX:
a) Rozgrzej piekarnik do 190°C i wyłóż blachę do pieczenia papierem pergaminowym.
b) W rondlu połącz wodę i masło. Podgrzewaj na średnim ogniu, aż masło się roztopi i mieszanina zagotuje.
c) Zdejmij z ognia, dodaj mąkę i energicznie mieszaj, aż mieszanina utworzy kulę.
d) Pozostaw ciasto do ostygnięcia na kilka minut, następnie dodawaj po jednym jajku, dobrze ubijając po każdym dodaniu.
e) Ciasto przełożyć do rękawa cukierniczego i wycisnąć eklery na przygotowaną blachę do pieczenia.
f) Piec przez około 30 minut lub do złotego koloru. Pozwól ostygnąć.

POŻYWNY:
g) Przygotuj krem do ciasta o smaku orzechowo-kawowym. Połącz ekstrakt z orzechów laskowych i mocną parzoną kawę z orzechów laskowych lub espresso w klasyczny przepis na krem

do ciasta lub użyj gotowego kremu do ciasta o smaku kawy z orzechów laskowych.
h) Napełnij eklery kremem ciasteczkowym o smaku orzechowo-kawowym za pomocą rękawa cukierniczego lub małej łyżeczki.

Glazura kawowa z orzechami laskowymi:

i) W żaroodpornej misce rozpuść ciemną czekoladę z masłem na podwójnym bojlerze.
j) Zdjąć z ognia, dodać cukier puder i stopniowo dodawać zaparzoną mocną kawę z orzechów laskowych lub espresso, aż masa będzie gładka.
k) Zanurz wierzch każdego eklera w kawowej polewie z orzechów laskowych, zapewniając równomierne pokrycie. Pozwól, aby nadmiar spłynął.
l) Połóż oszklone eklery na blasze i pozostaw do ostygnięcia, aż czekolada stwardnieje.
m) Podawaj schłodzone i ciesz się bogatym połączeniem smaków orzechów laskowych i kawy w eklerach Hazelnut Coffee!

SERSOWE EKLARY

85. Ekler z sernikiem jagodowym

SKŁADNIKI:
NA CIASTO CHOUX:
- 1 szklanka wody
- 1/2 szklanki niesolonego masła
- 1 Mąkę o wszechstronnym przeznaczeniu
- 4 duże jajka

NA NADZIENIE SERNIKA:
- 2 szklanki serka śmietankowego, zmiękczonego
- 1 szklanka cukru pudru
- 1 łyżeczka ekstraktu waniliowego
- 1 szklanka kompotu jagodowego (domowego lub kupnego)

DO LAKIERU JORÓWKOWEGO:
- 1 szklanka świeżych jagód
- 1/4 szklanki granulowanego cukru
- 1 łyżka soku z cytryny

INSTRUKCJE:
CIASTO CHOUX:
a) Rozgrzej piekarnik do 190°C i wyłóż blachę do pieczenia papierem pergaminowym.
b) W rondlu połącz wodę i masło. Podgrzewaj na średnim ogniu, aż masło się roztopi i mieszanina zagotuje.
c) Zdejmij z ognia, dodaj mąkę i energicznie mieszaj, aż mieszanina utworzy kulę.
d) Pozostaw ciasto do ostygnięcia na kilka minut, następnie dodawaj po jednym jajku, dobrze ubijając po każdym dodaniu.
e) Ciasto przełożyć do rękawa cukierniczego i wycisnąć kształty eklerów na przygotowaną blachę do pieczenia.
f) Piec przez około 30 minut lub do złotego koloru. Pozwól ostygnąć.

NADZIENIE SERNIKOWE:
g) W misce miksującej ubić zmiękczony serek śmietankowy na gładką masę.
h) Dodać cukier puder i ekstrakt waniliowy i dalej ubijać, aż składniki dobrze się połączą.
i) Napełnij rękaw cukierniczy nadzieniem sernikowym.

j) Gdy eklery ostygną, wykonaj małe nacięcie po jednej stronie każdego eklera i wyciśnij nadzienie sernikowe do środka.
k) Na nadzienie sernikowe wyłożyć łyżką kompot jagodowy.

Glazura Borówkowa:

l) W rondlu wymieszaj świeże jagody, cukier granulowany i sok z cytryny.
m) Gotuj na średnim ogniu, aż jagody pękną, a mieszanina zgęstnieje i zmieni się w lukier.
n) Odcedź glazurę, aby usunąć nasiona i skórkę.
o) Pozwól, aby lukier jagodowy lekko ostygł.
p) Na nadziewane eklery wyłóż glazurę jagodową.
q) Włóż oszklone eklery do lodówki, aby lukier stwardniał.
r) Podawaj schłodzone i delektuj się pysznym połączeniem jagód i sernika w Blueberry Cheesecake Éclair!

86.Gouda Glazurowane Eklery

SKŁADNIKI:
- 1 szklanka wody
- 1/2 szklanki niesolonego masła
- 1 Mąkę o wszechstronnym przeznaczeniu
- 4 duże jajka
- 1/2 łyżeczki soli
- 1 szklanka startego sera Gouda

DO WYPEŁNIENIA:
- 2 szklanki serka śmietankowego
- 1/2 szklanki cukru pudru
- 1 łyżeczka ekstraktu waniliowego

DO SZKLIWIENIA:
- 1 szklanka sera Gouda, startego
- 1/2 szklanki gęstej śmietanki
- 1 szklanka cukru pudru
- 1 łyżeczka ekstraktu waniliowego

INSTRUKCJE:
CIASTO ECLAIR:
a) Rozgrzej piekarnik do 200°C (400°F). Blachę do pieczenia wyłóż papierem pergaminowym.
b) W średnim rondlu wymieszaj wodę, masło i sól. Doprowadzić do wrzenia na średnim ogniu.
c) Dodaj mąkę na raz, energicznie mieszając, aż mieszanina utworzy kulę. Zdjąć z ognia i pozostawić do ostygnięcia na kilka minut.
d) Wbijaj jajka, jedno po drugim, aż ciasto będzie gładkie.
e) Mieszaj, aż pokruszony ser Gouda dobrze się połączy.
f) Ciasto przełóż do rękawa cukierniczego z dużą okrągłą końcówką. Wyciśnij 4-calowe paski na przygotowaną blachę do pieczenia.
g) Piec przez 15-20 minut lub do momentu, aż uzyskasz złoty kolor i puszystość. Pozwól eklerom całkowicie ostygnąć.

POŻYWNY:
h) W misce wymieszaj serek śmietankowy, cukier puder i ekstrakt waniliowy na gładką masę.

i) Gdy eklery ostygną, przekrój je poziomo na pół i wyciśnij lub łyżką nadzienie z serka śmietankowego do dolnych połówek.

GLAZURA:

j) W małym rondlu wymieszaj ser Gouda, gęstą śmietanę, cukier puder i ekstrakt waniliowy na małym ogniu.
k) Mieszaj, aż ser się roztopi, a lukier będzie gładki. Zdjąć z ognia.
l) Powstałą glazurą polej nadziewane eklery.
m) Podawaj i ciesz się!
n) Glazurowane eklery Gouda są gotowe do spożycia. Podawaj je schłodzone i delektuj się zachwycającym połączeniem kremowego nadzienia i serowej glazury.

87. Eklery z sernikiem malinowym

SKŁADNIKI:
NA CIASTO CHOUX:
- 1 szklanka wody
- 1/2 szklanki niesolonego masła
- 1 Mąkę o wszechstronnym przeznaczeniu
- 4 duże jajka
- 1/2 łyżeczki soli

NA NADZIENIE SERNIKA:
- 2 szklanki serka śmietankowego, zmiękczonego
- 1/2 szklanki granulowanego cukru
- 1 łyżeczka ekstraktu waniliowego

DO WIRU MALINOWEGO:
- 1 szklanka świeżych lub mrożonych malin
- 1/4 szklanki granulowanego cukru
- 1 łyżka wody

DO SZKLIWIENIA:
- 1 szklanka cukru pudru
- 2 łyżki mleka
- 1/2 łyżeczki ekstraktu waniliowego

INSTRUKCJE:
CIASTO CHOUX:
a) Rozgrzej piekarnik do 200°C (400°F). Blachę do pieczenia wyłóż papierem pergaminowym.
b) W średnim rondlu zagotuj wodę i masło na średnim ogniu.
c) Dodaj mąkę i sól, ciągle mieszając, aż mieszanina utworzy kulę.
d) Zdjąć z ognia i pozostawić do ostygnięcia na kilka minut.
e) Ubijaj jajka, jedno po drugim, aż ciasto będzie gładkie.
f) Ciasto przełóż do rękawa cukierniczego z dużą okrągłą końcówką. Wyciśnij 4-calowe paski na przygotowaną blachę do pieczenia.
g) Piec przez 15-20 minut lub do momentu, aż uzyskasz złoty kolor i puszystość. Pozwól eklerom całkowicie ostygnąć.

NADZIENIE SERNIKOWE:
h) W misce wymieszaj serek śmietankowy, cukier i ekstrakt waniliowy na gładką masę.

i) Gdy eklery ostygną, przekrój je poziomo na pół i wyciśnij lub łyżką nadzienie sernikowe do dolnych połówek.

WIR MALINOWY:

j) W małym rondlu wymieszaj maliny, cukier i wodę. Gotuj na średnim ogniu, aż maliny się rozpadną, a masa zgęstnieje.

k) Odcedź mieszaninę malin, aby usunąć nasiona, pozostawiając gładki sos malinowy.

MONTAŻ:

l) Łyżką sosu malinowego polej nadzienie sernikowe każdego eklera.

m) Ponownie ułóż górne połówki eklerów.

GLAZURA:

n) W małej misce wymieszaj cukier puder, mleko i ekstrakt waniliowy, aż masa będzie gładka.

o) Powstałą eklerkę polej glazurą.

p) Schłodź i podawaj:

q) Eklery z sernikiem Raspberry Swirl przechowuj w lodówce przez co najmniej godzinę przed podaniem. Rozkoszuj się zachwycającym połączeniem kremowego sernika, cierpkiego malinowego wiru i lekkiego ciasta parzonego!

88. Eklery Sernik Marmurowy Czekoladowy

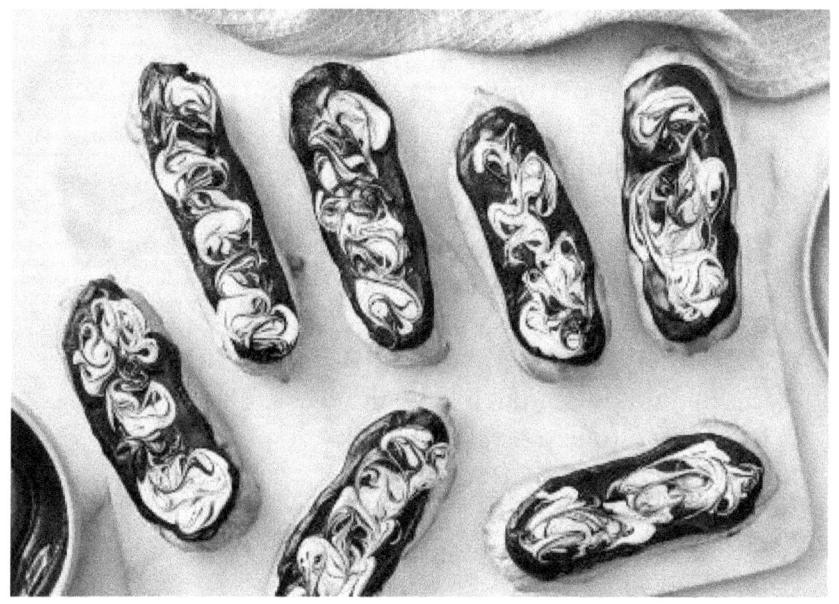

SKŁADNIKI:
NA CIASTO CHOUX:
- 1 szklanka wody
- 1/2 szklanki niesolonego masła
- 1 Mąkę o wszechstronnym przeznaczeniu
- 4 duże jajka
- 1/2 łyżeczki soli

NA NADZIENIE SERNIKA:
- 2 szklanki serka śmietankowego, zmiękczonego
- 1/2 szklanki granulowanego cukru
- 1 łyżeczka ekstraktu waniliowego

DLA CZEKOLADOWEGO MARMUROWEGO WIRULU:
- 1/2 szklanki półsłodkich kawałków czekolady
- 2 łyżki niesolonego masła

NA LAKIERĘ CZEKOLADOWĄ:
- 1/2 szklanki półsłodkich kawałków czekolady
- 1/4 szklanki gęstej śmietanki
- 2 łyżki cukru pudru

INSTRUKCJE:
CIASTO CHOUX:
a) Rozgrzej piekarnik do 200°C (400°F). Blachę do pieczenia wyłóż papierem pergaminowym.
b) W średnim rondlu zagotuj wodę i masło na średnim ogniu.
c) Dodaj mąkę i sól, ciągle mieszając, aż mieszanina utworzy kulę.
d) Zdjąć z ognia i pozostawić do ostygnięcia na kilka minut.
e) Ubijaj jajka, jedno po drugim, aż ciasto będzie gładkie.
f) Ciasto przełóż do rękawa cukierniczego z dużą okrągłą końcówką. Wyciśnij 4-calowe paski na przygotowaną blachę do pieczenia.
g) Piec przez 15-20 minut lub do momentu, aż uzyskasz złoty kolor i puszystość. Pozwól eklerom całkowicie ostygnąć.

NADZIENIE SERNIKOWE:
h) W misce wymieszaj serek śmietankowy, cukier i ekstrakt waniliowy na gładką masę.
i) Gdy eklery ostygną, przekrój je poziomo na pół i wyciśnij lub łyżką nadzienie sernikowe do dolnych połówek.

CZEKOLADOWY MARMUROWY WIR:
j) Rozpuść kawałki czekolady i masło w żaroodpornej misce nad gotującą się wodą lub w kuchence mikrofalowej.
k) Posmaruj roztopioną mieszaniną czekolady nadzienie sernikowe każdego eklera. Za pomocą wykałaczki utwórz marmurkowy wzór.

POLEWĄ CZEKOLADOWĄ:
l) W małym rondlu podgrzej kawałki czekolady, śmietankę i cukier puder na małym ogniu, mieszając, aż masa będzie gładka.
m) Zmontowane eklery posmaruj polewą czekoladową.
n) Schłodź i podawaj:
o) Eclairs z czekoladowym sernikiem marmurkowym przechowuj w lodówce przez co najmniej godzinę przed podaniem. Rozkoszuj się pysznym połączeniem kremowego sernika, czekoladowego marmurkowego wiru i lekkiego ciasta parzonego!

89.Ekler Sernik Solony Karmel

SKŁADNIKI:
NA CIASTO CHOUX:
- 1 szklanka wody
- 1/2 szklanki niesolonego masła
- 1 Mąkę o wszechstronnym przeznaczeniu
- 4 duże jajka
- 1/2 łyżeczki soli

NA NADZIENIE SERNIKA:
- 2 szklanki serka śmietankowego, zmiękczonego
- 1/2 szklanki granulowanego cukru
- 1 łyżeczka ekstraktu waniliowego

NA SOS SOLONY KARMEL:
- 1 szklanka granulowanego cukru
- 1/4 szklanki wody
- 1/2 szklanki niesolonego masła
- 1/2 szklanki gęstej śmietanki
- 1 łyżeczka soli morskiej

INSTRUKCJE:
CIASTO CHOUX:
a) Rozgrzej piekarnik do 200°C (400°F). Blachę do pieczenia wyłóż papierem pergaminowym.
b) W średnim rondlu zagotuj wodę i masło na średnim ogniu.
c) Dodaj mąkę i sól, ciągle mieszając, aż mieszanina utworzy kulę.
d) Zdjąć z ognia i pozostawić do ostygnięcia na kilka minut.
e) Ubijaj jajka, jedno po drugim, aż ciasto będzie gładkie.
f) Ciasto przełóż do rękawa cukierniczego z dużą okrągłą końcówką. Wyciśnij 4-calowe paski na przygotowaną blachę do pieczenia.
g) Piec przez 15-20 minut lub do momentu, aż uzyskasz złoty kolor i puszystość. Pozwól eklerom całkowicie ostygnąć.

NADZIENIE SERNIKOWE:
h) W misce wymieszaj serek śmietankowy, cukier i ekstrakt waniliowy na gładką masę.
i) Gdy eklery ostygną, przekrój je poziomo na pół i wyciśnij lub łyżką nadzienie sernikowe do dolnych połówek.

SŁONY SOS KARMELOWY:

j) W rondlu połącz cukier i wodę na średnim ogniu. Mieszaj, aż cukier się rozpuści.
k) Pozwól mieszaninie się zagotować, od czasu do czasu mieszając, aż zmieni kolor na bursztynowy.
l) Dodać masło i mieszać aż się rozpuści. Powoli wlewaj gęstą śmietanę, ciągle mieszając.
m) Zdjąć z ognia i wymieszać z solą morską. Niech sos karmelowy lekko ostygnie.

MONTAŻ:
n) Skropić sosem solonym karmelem nadzienie sernika w każdym eklerze.
o) Ponownie ułóż górne połówki eklerów.
p) Eklery z sernikiem i solonym karmelem przechowuj w lodówce przez co najmniej godzinę przed podaniem. Rozkoszuj się niebiańskim połączeniem kremowego sernika, bogatego solonego karmelu i lekkiego ciasta parzonego!

90. Eklery z sernikiem pistacjowym i praliną

SKŁADNIKI:
NA CIASTO CHOUX:
- 1 szklanka wody
- 1/2 szklanki niesolonego masła
- 1 Mąkę o wszechstronnym przeznaczeniu
- 4 duże jajka
- 1/2 łyżeczki soli

NA NADZIENIE SERNIKA:
- 2 szklanki serka śmietankowego, zmiękczonego
- 1/2 szklanki granulowanego cukru
- 1 łyżeczka ekstraktu waniliowego

NA PRALINĘ PISTACJOWĄ:
- 1/2 szklanki pistacji łuskanych, drobno posiekanych
- 1/2 szklanki granulowanego cukru
- 2 łyżki wody

DO SZKLIWIENIA:
- 1/2 szklanki cukru pudru
- 2 łyżki mleka
- 1/4 szklanki posiekanych pistacji (do dekoracji)

INSTRUKCJE:
CIASTO CHOUX:
a) Rozgrzej piekarnik do 200°C (400°F). Blachę do pieczenia wyłóż papierem pergaminowym.
b) W średnim rondlu zagotuj wodę i masło na średnim ogniu.
c) Dodaj mąkę i sól, ciągle mieszając, aż mieszanina utworzy kulę.
d) Zdjąć z ognia i pozostawić do ostygnięcia na kilka minut.
e) Ubijaj jajka, jedno po drugim, aż ciasto będzie gładkie.
f) Ciasto przełóż do rękawa cukierniczego z dużą okrągłą końcówką. Wyciśnij 4-calowe paski na przygotowaną blachę do pieczenia.
g) Piec przez 15-20 minut lub do momentu, aż uzyskasz złoty kolor i puszystość. Pozwól eklerom całkowicie ostygnąć.

NADZIENIE SERNIKOWE:
h) W misce wymieszaj serek śmietankowy, cukier i ekstrakt waniliowy na gładką masę.

i) Gdy eklery ostygną, przekrój je poziomo na pół i wyciśnij lub łyżką nadzienie sernikowe do dolnych połówek.

PRALINA PISTACJOWA:

j) W rondlu połącz cukier i wodę na średnim ogniu. Mieszaj, aż cukier się rozpuści.

k) Pozwól mieszaninie się zagotować, od czasu do czasu mieszając, aż uzyska złoty kolor.

l) Wymieszaj drobno posiekane pistacje i natychmiast wylej pralinę pistacjową na powierzchnię wyłożoną pergaminem, aby ostygła i stwardniała.

m) Po ostygnięciu pralinę połamać na mniejsze kawałki.

MONTAŻ:

n) Nadzienie sernikowe każdego eklera posypujemy kawałkami pralin pistacjowych.

o) Ponownie ułóż górne połówki eklerów.

GLAZURA:

p) W małej misce wymieszaj cukier puder z mlekiem, aż masa będzie gładka.

q) Powstałą eklerkę polej glazurą.

GARNIRUNEK:

r) Posyp posiekanymi pistacjami na wierzchu, aby uzyskać dodatkową pistacjową chrupkość.

s) Eklery z sernikiem pralinowym pistacjowym przechowuj w lodówce przez co najmniej godzinę przed podaniem. Rozkoszuj się zachwycającym połączeniem kremowego sernika, pralin pistacjowych i lekkiego ciasta parzonego!

91.Eklery z sernikiem kokosowym

SKŁADNIKI:
NA CIASTO CHOUX:
- 1 szklanka wody
- 1/2 szklanki niesolonego masła
- 1 Mąkę o wszechstronnym przeznaczeniu
- 4 duże jajka
- 1/2 łyżeczki soli

NA NADZIENIE SERNIKA:
- 2 szklanki serka śmietankowego, zmiękczonego
- 1/2 szklanki granulowanego cukru
- 1 łyżeczka ekstraktu waniliowego

NA NADZIENIE KREMU KOKOSOWEGO:
- 1 szklanka kremu kokosowego
- 1/4 szklanki cukru pudru
- 1/2 łyżeczki ekstraktu kokosowego

NA polewę kokosową:
- 1 szklanka wiórków kokosowych, prażonych

INSTRUKCJE:
CIASTO CHOUX:
a) Rozgrzej piekarnik do 200°C (400°F). Blachę do pieczenia wyłóż papierem pergaminowym.
b) W średnim rondlu zagotuj wodę i masło na średnim ogniu.
c) Dodaj mąkę i sól, ciągle mieszając, aż mieszanina utworzy kulę.
d) Zdjąć z ognia i pozostawić do ostygnięcia na kilka minut.
e) Ubijaj jajka, jedno po drugim, aż ciasto będzie gładkie.
f) Ciasto przełóż do rękawa cukierniczego z dużą okrągłą końcówką. Wyciśnij 4-calowe paski na przygotowaną blachę do pieczenia.
g) Piec przez 15-20 minut lub do momentu, aż uzyskasz złoty kolor i puszystość. Pozwól eklerom całkowicie ostygnąć.

NADZIENIE SERNIKOWE:
h) W misce wymieszaj serek śmietankowy, cukier i ekstrakt waniliowy na gładką masę.
i) Gdy eklery ostygną, przekrój je poziomo na pół i wyciśnij lub łyżką nadzienie sernikowe do dolnych połówek.

NADZIENIE KREMU KOKOSOWEGO:

j) W osobnej misce ubij śmietankę kokosową, cukier puder i ekstrakt kokosowy, aż utworzą się miękkie szczyty.
k) Delikatnie wymieszaj masę kokosową z nadzieniem sernikowym.

MONTAŻ:

l) Wyciśnij lub łyżką nadzienie sernikowe z dodatkiem kokosa do dolnych połówek eklerów.
m) Ponownie ułóż górne połówki eklerów.

POlewa KOKOSOWA:

n) Na suchej patelni na średnim ogniu upraż wiórki kokosowe na złoty kolor.
o) Posyp nadziewane eklery prażonymi wiórkami kokosowymi, aby uzyskać rozkoszną chrupkość kokosa.
p) Eklery z sernikiem kokosowym przechowuj w lodówce przez co najmniej godzinę przed podaniem. Rozkoszuj się tropikalnymi smakami kokosa w połączeniu z kremowym sernikiem i lekkim ciastem parzonym!

92. Eklery z Sernikiem Truskawkowym

SKŁADNIKI:
NA CIASTO CHOUX:
- 1 szklanka wody
- 1/2 szklanki niesolonego masła
- 1 Mąkę o wszechstronnym przeznaczeniu
- 4 duże jajka
- 1/2 łyżeczki soli

NA NADZIENIE SERNIKA:
- 2 szklanki serka śmietankowego, zmiękczonego
- 1/2 szklanki granulowanego cukru
- 1 łyżeczka ekstraktu waniliowego

NA NADZIENIE TRUSKAWKOWE:
- 1 szklanka świeżych truskawek, obranych i posiekanych
- 2 łyżki granulowanego cukru

NA LAKIER TRUSKAWKOWY:
- 1 szklanka świeżych truskawek, obranych i przetartych
- 1/4 szklanki cukru pudru

INSTRUKCJE:
CIASTO CHOUX:
a) Rozgrzej piekarnik do 200°C (400°F). Blachę do pieczenia wyłóż papierem pergaminowym.
b) W średnim rondlu zagotuj wodę i masło na średnim ogniu.
c) Dodaj mąkę i sól, ciągle mieszając, aż mieszanina utworzy kulę.
d) Zdjąć z ognia i pozostawić do ostygnięcia na kilka minut.
e) Ubijaj jajka, jedno po drugim, aż ciasto będzie gładkie.
f) Ciasto przełóż do rękawa cukierniczego z dużą okrągłą końcówką. Wyciśnij 4-calowe paski na przygotowaną blachę do pieczenia.
g) Piec przez 15-20 minut lub do momentu, aż uzyskasz złoty kolor i puszystość. Pozwól eklerom całkowicie ostygnąć.

NADZIENIE SERNIKOWE:
h) W misce wymieszaj serek śmietankowy, cukier i ekstrakt waniliowy na gładką masę.
i) Gdy eklery ostygną, przekrój je poziomo na pół i wyciśnij lub łyżką nadzienie sernikowe do dolnych połówek.

NADZIENIE TRUSKAWKOWE:
j) W osobnej misce wymieszaj posiekane truskawki i cukier granulowany.
k) Pozwól im macerować przez około 15 minut.

MONTAŻ:
l) Połóż masę z macerowanych truskawek na nadzieniu sernika w każdym eklerze.
m) Ponownie ułóż górne połówki eklerów.

GLAZA TRUSKAWKOWA:
n) Zmiksuj świeże truskawki i wymieszaj z cukrem pudrem, aby uzyskać gładką polewę.
o) Zmontowane eklery polej polewą truskawkową.
p) Eklery z sernikiem truskawkowym przechowuj w lodówce przez co najmniej godzinę przed podaniem. Rozkoszuj się soczystym połączeniem kremowego sernika, słodkich truskawek i lekkiego ciasta parzonego!

93.Eklery z Sernikiem Cytrynowym

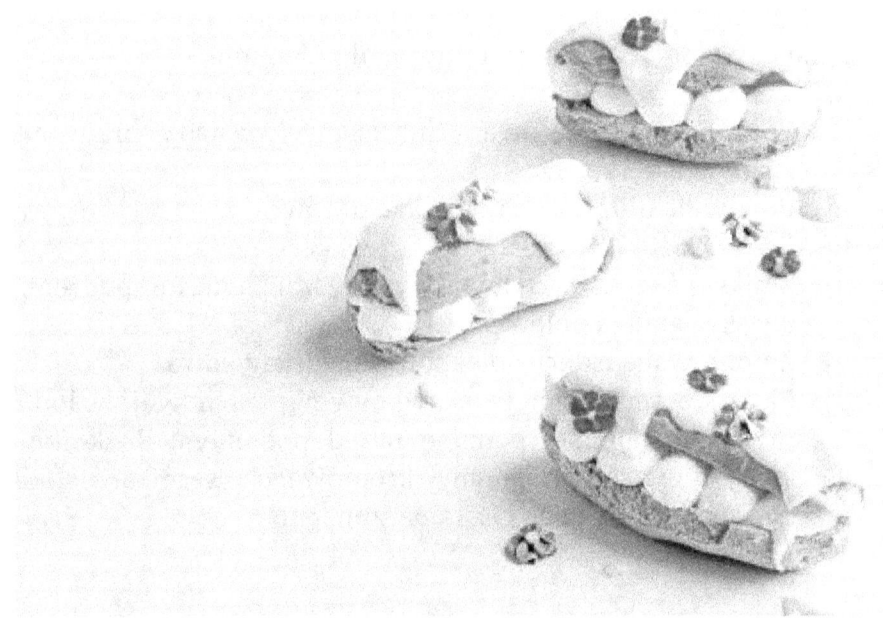

SKŁADNIKI:
NA CIASTO CHOUX:
- 1 szklanka wody
- 1/2 szklanki niesolonego masła
- 1 Mąkę o wszechstronnym przeznaczeniu
- 4 duże jajka
- 1/2 łyżeczki soli

NA NADZIENIE SERNIKA CYTRYNOWEGO:
- 2 szklanki serka śmietankowego, zmiękczonego
- 1/2 szklanki granulowanego cukru
- Skórka z 2 cytryn
- 1 łyżka soku z cytryny
- 1 łyżeczka ekstraktu waniliowego

DO LAKIERU CYTRYNOWEGO:
- 1 szklanka cukru pudru
- 2 łyżki soku z cytryny
- Skórka z 1 cytryny

INSTRUKCJE:
CIASTO CHOUX:
a) Rozgrzej piekarnik do 200°C (400°F). Blachę do pieczenia wyłóż papierem pergaminowym.
b) W średnim rondlu zagotuj wodę i masło na średnim ogniu.
c) Dodaj mąkę i sól, ciągle mieszając, aż mieszanina utworzy kulę.
d) Zdjąć z ognia i pozostawić do ostygnięcia na kilka minut.
e) Ubijaj jajka, jedno po drugim, aż ciasto będzie gładkie.
f) Ciasto przełóż do rękawa cukierniczego z dużą okrągłą końcówką. Wyciśnij 4-calowe paski na przygotowaną blachę do pieczenia.
g) Piec przez 15-20 minut lub do momentu, aż uzyskasz złoty kolor i puszystość. Pozwól eklerom całkowicie ostygnąć.

NADZIENIE SERNIKOWE CYTRYNOWE:
h) W misce wymieszaj serek śmietankowy, cukier, skórkę cytrynową, sok z cytryny i ekstrakt waniliowy na gładką masę.
i) Gdy eklery ostygną, przekrój je poziomo na pół i wyciśnij lub łyżką nadzienie z sernika cytrynowego do dolnych połówek.

LAKIER CYTRYNOWY:

j) W małej misce wymieszaj cukier puder, sok z cytryny i skórkę z cytryny, aż uzyskasz gładką masę.
k) Zmontowane eklery posmaruj glazurą cytrynową.
l) Eklery z sernikiem cytrynowym przechowuj w lodówce przez co najmniej godzinę przed podaniem. Rozkoszuj się orzeźwiającym połączeniem kremowego sernika cytrynowego i lekkiego ciasta parzonego!

PRZEPISY INSPIROWANE ECLAIREM

94. Rogaliki bananowo-eklerowe

SKŁADNIKI:

- 4 Mrożone rogaliki
- 2 Kwadraty półsłodkiej czekolady
- 1 łyżka masła
- ¼ szklanki przesianego cukru cukierniczego
- 1 łyżeczka Gorąca woda; do 2
- 1 szklanka budyniu waniliowego
- 2 średnie banany; pokrojony

INSTRUKCJE:

a) Zamrożone rogaliki przekrój wzdłuż na pół; wyjechać razem. Podgrzej zamrożone rogaliki na nienatłuszczonej blasze do pieczenia w temperaturze 325°F. piekarnik 9-11 minut.

b) Rozpuść razem czekoladę i masło. Wymieszaj cukier i wodę, aby uzyskać nadającą się do smarowania glazurę.

c) Na każdą dolną połowę rogalika nałóż ¼ szklanki budyniu. Na wierzchu ułóż pokrojone w plasterki banany.

d) Wymień wierzchołki rogalików; polać polewą czekoladową.

e) Podawać.

95. Ciasto francuskie z kremem i eklerami

SKŁADNIKI:

- 1 szklanka letniej wody
- 4 łyżki (½ kostki) niesolonego masła, pokrojonego na kawałki
- 1 szklanka niebielonej mąki uniwersalnej lub mąki bezglutenowej
- 4 duże jajka w temperaturze pokojowej
- Mrożony krem ze słoną wanilią lub mrożony krem ze słonej koziej czekolady mlecznej
- Polewa czekoladowa (użyj 4 łyżek pełnego mleka)

INSTRUKCJE:

a) Rozgrzej piekarnik do 400°F.
b) Połączyć wodę i masło w średnio ciężkim rondlu i doprowadzić do wrzenia, mieszając, aby roztopić masło. Wsyp całą mąkę i mieszaj, aż mieszanina utworzy kulę.
c) Zdejmij z ognia i ubijaj jajka, pojedynczo, za pomocą miksera elektrycznego.

DO KREMOWYCH PUFÓW

d) Nałóż sześć 4-calowych pojedynczych kopców ciasta na nienatłuszczoną blachę z ciasteczkami (w przypadku mniejszych ptysiów uformuj dwanaście 2-calowych kopców). Piec na złoty kolor, około 45 minut. Wyjąć z piekarnika i ostudzić.

DLA EKLARÓW

e) Załóż rękaw cukierniczy z gładką końcówką o średnicy ¼ cala i wytnij od sześciu do dwunastu 4-calowych pasków na nienatłuszczoną blachę z ciasteczkami. Piec na złoty kolor, około 45 minut. Wyjąć z piekarnika i ostudzić.

NA CIASTO PIERŚCIENIOWE

f) Upuść nawet łyżki ciasta na nienatłuszczoną blachę z ciasteczkami, aby uzyskać 12-calowy owal. Piec na złoty kolor, od 45 do 50 minut. Wyjąć z piekarnika i ostudzić.

ZŁOŻYĆ

g) Przygotuj glazurę. Ptysie, eklery lub tort piernikowy przekrój na pół. Wypełnij lodami i ponownie załóż wierzch.
h) W przypadku ptysiów z kremem zanurz wierzch każdego ptysia w czekoladzie. W przypadku eklerów obficie posmaruj je glazurą. Aby przygotować ciasto pierścieniowe, dodaj do glazury dodatkowe 5 łyżek mleka; posmaruj nią ciasto pierścieniowe.
i) Przed podaniem ułóż ciasta lub kawałki ciasta na talerzach.

96.Czekoladowy Migdał Croissantowe eklery

SKŁADNIKI:

NA PÂTE À CHOUX:
- 1/2 szklanki wody
- 1/2 szklanki pełnego mleka
- 1/2 szklanki niesolonego masła, pokrojonego w kostkę
- 1/2 łyżeczki soli
- 1 łyżeczka cukru
- 1 Mąkę o wszechstronnym przeznaczeniu
- 4 duże jajka, temperatura pokojowa

NA NADZIENIE CZEKOLADOWE MIGDAŁOWE :
- 1 szklanka gęstej śmietanki
- 1 szklanka półsłodkich kawałków czekolady
- 1/2 szklanki masła migdałowego

NA LAKIERĘ CZEKOLADOWĄ:
- 1/2 szklanki półsłodkich kawałków czekolady
- 2 łyżki niesolonego masła
- 1 łyżka syropu kukurydzianego

INSTRUKCJE

a) Rozgrzej piekarnik do 375°F. Blachę do pieczenia wyłóż papierem pergaminowym.
b) W średnim rondlu wymieszaj wodę, mleko, masło, sól i cukier. Podgrzewaj na średnim ogniu, aż masło się roztopi i mieszanina zacznie wrzeć.
c) Dodaj mąkę na raz i energicznie mieszaj drewnianą łyżką, aż mieszanina utworzy kulę i zacznie odchodzić od ścianek patelni.
d) Zdejmij patelnię z ognia i pozostaw do ostygnięcia na 5 minut.
e) Dodawaj jajka, jedno po drugim, dobrze ubijaj po każdym dodaniu, aż mieszanina będzie gładka i błyszcząca.
f) Założyć rękaw cukierniczy z dużą okrągłą końcówką i wypełnić ciastem choux.
g) Wyciśnij ciasto na przygotowaną blachę do pieczenia, tworząc eklery o długości 6 cali.
h) Piec przez 25-30 minut lub do momentu, aż uzyskasz złoty kolor i puszystość.
i) Wyjąć z piekarnika i pozostawić do całkowitego ostygnięcia.

j) W średnim rondlu podgrzej gęstą śmietanę, aż zacznie się gotować.
k) Zdjąć z ognia i dodać kawałki czekolady i masło migdałowe. Mieszaj, aż czekolada się rozpuści i masa będzie gładka.
l) Na spodzie każdego eklera zrób małe nacięcie i wyciśnij nadzienie na środek.
m) W małym rondlu rozpuść kawałki czekolady, masło i syrop kukurydziany na małym ogniu, ciągle mieszając, aż masa będzie gładka.
n) Zanurz wierzch każdego eklera w polewie czekoladowej i umieść na metalowej kratce, aby stwardniał.
o) Opcjonalnie: Posypać płatkami migdałów.

97.Czekoladowe Batony Eclair

SKŁADNIKI:
DLA ÉCLAIRÓW:
- 15 do 20 wegańskich krakersów Graham, podzielonych
- 3 ½ szklanki mleka migdałowego lub innego mleka roślinnego
- 2 (3,4 uncji) opakowania błyskawicznej wegańskiej mieszanki budyniowej waniliowej
- 3 szklanki bitej śmietany kokosowej lub kupionej w sklepie

NA POLEWĘ:
- ¼ szklanki bezmlecznych chipsów czekoladowych
- 2 łyżki masła wegańskiego o temperaturze pokojowej
- 1 ½ szklanki cukru pudru
- 3 łyżki mleka migdałowego lub innego mleka roślinnego
- 1 łyżeczka jasnego syropu kukurydzianego
- 1 łyżeczka ekstraktu waniliowego

INSTRUKCJE:
ZROBIĆ ÉCLAIRS:
a) Na blasze do pieczenia o wymiarach 9 na 13 cali ułóż połowę krakersów, w razie potrzeby przełamując je na pół.
b) W dużej misce wymieszaj mleko i mieszankę budyniową instant. Ubijaj przez 2 minuty. Odstaw na 2 do 3 minut. Delikatnie wymieszaj z ubitą śmietaną, uważając, aby jej nie odpowietrzyć i równomiernie rozprowadź na warstwie krakersów. Posyp pozostałymi krakersami i wstaw do lodówki.

ZROBIĆ polewę:
c) W żaroodpornej szklanej misce ustawionej nad garnkiem wypełnionym 2 do 3 cali wrzącej wody, podgrzej kawałki czekolady i masło, często mieszając, aż się rozpuszczą.
d) Wymieszaj cukier, mleko, syrop kukurydziany i wanilię.
e) Wyłożyć na warstwę krakersów, przykryć i wstawić do lodówki na co najmniej 8 godzin.
f) Gdy będzie gotowy do podania, pokrój go w kwadraty.

98. Czekoladowe ciasto eklerkowe

SKŁADNIKI:
- 1 opakowanie lub całe krakersy graham
- 2 małe pudełka budyniu błyskawicznego o smaku francuskiej wanilii
- 3 szklanki mleka
- 1 8 uncji pojemnik Cool Whip
- 1 puszka polewy z mlecznej czekolady

INSTRUKCJE:
MIESZANKA:
a) Połącz budyń, mleko i Cool Whip. Mieszaj, aż zgęstnieje.
WARSTWY:
b) Na dnie formy 9x13 ułóż warstwę krakersów graham.
c) Na wierzch krakersów wylej połowę masy budyniowej.
d) Na wierzchu ułóż kolejną warstwę krakersów graham.
e) Pozostałą połowę mieszanki wyłóż na krakersy graham.
f) Dodaj ostatnią warstwę krakersów graham na wierzch mieszanki.
LUK:
g) Całą powierzchnię posmaruj polewą z mlecznej czekolady.
WIELKI SPOKÓJ:
h) Schładzamy przez noc, aby smaki się przegryzły, a deser stężał.
i) Cieszyć się!

99.Ciasto eklerowe z różą pistacjową

SKŁADNIKI:
NA CIASTO CHOUX:
- 1 szklanka wody
- 1/2 szklanki niesolonego masła
- 1 Mąkę o wszechstronnym przeznaczeniu
- 4 duże jajka

DO WYPEŁNIENIA:
- 2 szklanki kremu pistacjowego o smaku róży

DO SZKLIWIENIA:
- 1/2 szklanki białej czekolady, posiekanej
- 1/4 szklanki niesolonego masła
- Kilka kropli wody różanej lub ekstraktu różanego
- Zmielone pistacje (do dekoracji)

INSTRUKCJE:
CIASTO CHOUX:
a) Rozgrzej piekarnik do 190°C i wyłóż blachę do pieczenia papierem pergaminowym.
b) W rondlu połącz wodę i masło. Podgrzewaj na średnim ogniu, aż masło się roztopi i mieszanina zagotuje.
c) Zdejmij z ognia, dodaj mąkę i energicznie mieszaj, aż mieszanina utworzy kulę.
d) Pozostaw ciasto do ostygnięcia na kilka minut, następnie dodawaj po jednym jajku, dobrze ubijając po każdym dodaniu.
e) Ciasto przełożyć do rękawa cukierniczego i wycisnąć kształty eklerów na przygotowaną blachę do pieczenia.
f) Piec przez około 30 minut lub do złotego koloru. Pozwól ostygnąć.

POŻYWNY:
g) Przygotuj krem do ciasta o smaku pistacjowo-różowym. Połącz zmielone pistacje z odrobiną wody różanej lub ekstraktu różanego w klasycznym przepisie na krem do ciasta lub użyj gotowego kremu do ciasta o smaku pistacjowo-różowym.
h) Napełnij eklery kremem cukierniczym o smaku róży pistacjowej za pomocą rękawa cukierniczego lub małej łyżki.

GLAZURA:

i) W żaroodpornej misce rozpuść białą czekoladę z masłem na podwójnym bojlerze.
j) Zdejmij z ognia, dodaj kilka kropli wody różanej lub ekstraktu różanego i mieszaj, aż masa będzie gładka.
k) Zanurz wierzch każdego eklera w polewie z białej czekolady, zapewniając równomierne pokrycie. Pozwól, aby nadmiar spłynął.
l) Posyp pokruszonymi pistacjami glazurowane eklery dla dekoracji.
m) Włóż oszklone eklery do lodówki, aby lukier stwardniał.
n) Podawaj schłodzone i ciesz się wyjątkowym połączeniem smaków pistacji i róży w Pistachio Rose Éclair Cake!

100. Klonowy bekonowy Éclair Bites

SKŁADNIKI:
NA CIASTO CHOUX:
- 1 szklanka wody
- 1/2 szklanki niesolonego masła
- 1 Mąkę o wszechstronnym przeznaczeniu
- 4 duże jajka

DO WYPEŁNIENIA:
- 2 szklanki kremu cukierniczego o smaku klonowym
- (Połącz syrop klonowy lub ekstrakt klonowy w klasycznym przepisie na krem do ciasta lub użyj gotowego kremu do ciasta o smaku klonowym.)

NA polewę z bekonu:
- 1/2 szklanki gotowanego i pokruszonego boczku

DO LAKIEROWANIA KLONOWEGO:
- 1/2 szklanki syropu klonowego
- 1/4 szklanki niesolonego masła
- 1 szklanka cukru pudru

INSTRUKCJE:
CIASTO CHOUX:

a) Rozgrzej piekarnik do 190°C i wyłóż blachę do pieczenia papierem pergaminowym.

b) W rondlu połącz wodę i masło. Podgrzewaj na średnim ogniu, aż masło się roztopi i mieszanina zagotuje.

c) Zdejmij z ognia, dodaj mąkę i energicznie mieszaj, aż mieszanina utworzy kulę.

d) Pozostaw ciasto do ostygnięcia na kilka minut, następnie dodawaj po jednym jajku, dobrze ubijając po każdym dodaniu.

e) Ciasto przełożyć do rękawa cukierniczego i wycisnąć eklery na przygotowaną blachę do pieczenia.

f) Piec przez około 30 minut lub do złotego koloru. Pozwól ostygnąć.

POŻYWNY:

g) Przygotuj krem ciasto o smaku klonowym. Połącz syrop klonowy lub ekstrakt klonowy w klasycznym przepisie na krem do ciasta lub użyj gotowego kremu do ciasta o smaku klonowym.

h) Napełnij eklery kremem ciasteczkowym o smaku klonowym za pomocą rękawa cukierniczego lub małej łyżki.

Polewę z bekonu:
i) Boczek usmaż, aż będzie chrupiący, następnie pokrój go na małe kawałki.
j) Nadziewane eklery posyp obficie pokruszonym boczkiem, zapewniając równomierne pokrycie.

Glazura klonowa:
k) W rondlu wymieszaj syrop klonowy i masło. Podgrzewaj na średnim ogniu, aż mieszanina będzie gładka.
l) Zdejmij z ognia, dodaj cukier puder i mieszaj, aż lukier dobrze się połączy.
m) Skropić glazurą klonową eklery z bekonem, zapewniając równomierne pokrycie.
n) Podawaj schłodzone i ciesz się słodko-pikantnym smakiem Maple Bacon Éclair Bites!

WNIOSEK

Kończąc naszą rozkoszną podróż po „Najlepszym przewodniku po francuskich eklerach" mamy nadzieję, że doświadczyłeś radości z opanowania sztuki wytwarzania eklerów i tworzenia tych francuskich przysmaków we własnej kuchni. Każdy przepis na tych stronach jest celebracją precyzji, elegancji i rozkoszy, jakie eklery wnoszą na Twój stół – świadectwem satysfakcji z osiągania w domu wyników o jakości piekarniczej.

Niezależnie od tego, czy delektowałeś się klasycznymi eklerami czekoladowymi, eksperymentowałeś z odmianami nadziewanymi owocami, czy też udoskonaliłeś sztukę jedwabistego kremu cukierniczego, ufamy, że te przepisy i techniki zainspirowały Cię do pełnego zaufania świata eklerów. Niech poza składnikami i etapami koncepcja wytwarzania francuskich eklerów stanie się źródłem dumy, kreatywności i radości dzielenia się tymi wykwintnymi smakołykami z rodziną i przyjaciółmi.

Kontynuując swoją kulinarną podróż, niech „NAJLEPSZY PRZEWODNIK PO FRANCUSKICH ÉCLAIRS" będzie Twoim zaufanym towarzyszem, dostarczającym wiedzy i inspiracji do tworzenia różnorodnych eklerów, które zaprezentują Twoje umiejętności i wprowadzą odrobinę paryskiego uroku do Twojego domu. Przed nami opanowanie sztuki wytwarzania eklerów i delektowanie się słodkimi chwilami sukcesu – smacznego!

www.ingramcontent.com/pod-product-compliance
Lightning Source LLC
Chambersburg PA
CBHW071301110526
44591CB00010B/736